Tekenen als Hobby

Modeltekenen

Wendon Blake | tekst
Uldis Klavins | werkstukken

Cantecleer bv | de Bilt

Die amerikanische Originalausgabe erschien unter
dem Titel: Blake, Wendon: Seascapes in Watercolor
Watson-Guptill Publications, New York

Übersetzung: Beate Wellmann
Umschlaggestaltung: Manfred Burggraf
Printed in Germany

84 83 82 5 4 3

ISBN 3-473-48209-9

Modeltekenen. Al in de Griekse Oudheid beschouwden kunstenaars mannelijk en vrouwelijk naakt als *het* schoonheidsideaal. Veel grote kunstenaars hebben uitsluitend naakt geschilderd, gebeeldhouwd of getekend. De vorm van het menselijk lichaam is uitermate boeiend. Iedere pose, ieder gebaar is een nieuwe uitdaging. Modeltekenen is niet alleen heerlijk om te doen omdat de schoonheid van het menselijk lichaam zo fascinerend is, maar ook omdat er steeds weer iets nieuws te leren valt. Veel tekenleraren zijn van mening, dat naakttekenen de beste scholing is.

Verhoudingen. Voor u aan modeltekenen begint is het van belang, dat u een duidelijke voorstelling hebt van de verhoudingen van het mannelijk en vrouwelijk lichaam. Volgens het traditionele systeem kan men het lichaam verdelen in een aantal hoofdhoogtes. In dit boek is het modeltekenen gebaseerd op de regel, dat de lichaamslengte ongeveer acht maal de hoogte van het hoofd is. Kunstenaars zeggen dan, dat het lichaam acht hoofden groot is. De benen, armen en andere lichaamsdelen worden ook in hoofden gemeten. *Modeltekenen* begint met het aantonen van dit systeem van verhoudingen in een serie tekeningen van staande mannelijke en vrouwelijke figuren, vanuit verschillende hoeken gezien.

Het tekenen van de lichaamsdelen. U kunt Uldis Klavins volgen bij het in fases tekenen van de verschillende lichaamsdelen. Klavins laat zien hoe hij van verschillende uitgangspunten – voor, driekwart en opzij – de mannelijke en vrouwelijke torso, hoofd, arm en hand, been en voet tekent.

Het tekenen van het hele lichaam. Nadat hij heeft laten zien hoe de verschillende lichaamsdelen getekend moeten worden gaat Klavins verder met tekenen van het héle lichaam. Volg hem bij het construeren van alle lichaamsvormen van hoofd tot voeten, waarbij hij het systeem van de verhoudingen toepast. Bij het tekenen van het hele model worden – net als bij de oefeningen van de verschillende lichaamsdelen – vier belangrijke fases doorlopen.

Voorbeelden in fases. In een serie meer gedetailleerde oefeningen doet Klavins voor hoe tien verschillende modellen in fases getekend moeten worden. Hij begint met eenvoudige houdingen en komt dan geleidelijk met wat moeilijkere poses. De eerste drie oefeningen zijn potloodtekeningen van staande mannelijke en vrouwelijke naakten en een zittend vrouwelijk naakt. De volgende drie oefeningen zijn krijttekeningen en een achteraanzicht van een zittend vrouwelijk naakt. De laatste vier oefeningen zijn houtskooltekeningen van een lopend mannelijk naakt, een gebukt mannelijk naakt, een liggend vrouwelijk naakt en een zittend mannelijk naakt. De tien oefeningen geven in details iedere tekenhandeling weer.

Tekenmediums. Deze tien in fases opgebouwde oefeningen worden met potlood, krijt en houtskool uitgevoerd om de skala van mogelijkheden van deze veelzijdige mediums aan te tonen. U ziet hoe u omtrek, vorm, licht en schaduw met diverse kombinaties van lijnen, streken en gemengde tonen kunt uitvoeren. De tekeningen zijn op verschillende papiersoorten uitgevoerd om het effekt op diverse tekengronden te laten zien.

Het zoeken naar modellen. De meeste kunstenaars en leerlingen van tekenakademies hebben al ontdekt, dat de mensen niet meer zo preuts zijn als vroeger. Uw familieleden, vrienden en kennissen zijn al zo gewend aan de allerminst verhullende strandkleding, dat ze vaak zelfs gevleid zijn wanneer ze als model gevraagd worden. Als u liever een beroepsmodel tekent informeer dan bij een kunstakademie in uw omgeving of daar kursussen modeltekenen worden gegeven. Soms wordt zo'n kursus gegeven onder leiding van een tekenleraar, maar soms huurt zo'n school een beroepsmodel en kunt u samen met een groep studenten of amateurs gebruik maken van een lokaal waarvoor u dan gezamenlijk de huur betaalt. U kunt ook samen met een aantal geïnteresseerden zelf een klasje vormen om dan bij iemand thuis te werken. U bekostigt dan gezamenlijk het model. Om voor uw eigen klasje een beroepsmodel te huren kunt u bij de tekenakademie om inlichtingen vragen. Beroepsschilders krijgen hun modellen vaak van ballet- of toneelscholen. Het is heel belangrijk, dat u naar levend model tekent en niet naar foto's en dat u zo vaak mogelijk tekent. Als u lid wordt van een modeltekenklas, of als u er zelf een opricht, ga er dan tenminste één keer in de week naar toe. Als u naar het strand of zwembad gaat neem dan uw schetsblok mee.

Schaf niet te veel materiaal aan. Om te beginnen hebt u maar twee dingen nodig: een potlood en een vel wit tekenpapier, dat ongeveer tweemaal zo groot is als deze bladzijde. Een gewoon kantoorpotlood is al goed. Probeer of u er een dunne, grijze lijn mee kunt maken door er lichtjes mee over het papier te gaan en een dikke zwarte lijn door wat harder te drukken. Als u toch liever naar een winkel voor schildersbenodigdheden gaat, vraag dan om een HB potlood, dat overal voor geschikt is en een dikker, donkerder potlood voor zwaardere lijnen, bijv. 4B, 5B of 6B. Neem een tekenblok met stevig wit papier met een heel lichte struktuur, maar niet zo glad als typepapier. Voor een krijttekening hebt u alleen een zwart pastelpotlood of contépotlood nodig. Twee houtskoolpotloden zijn genoeg voor een houtskooltekening: koop een 'medium' en een zacht potlood. Al deze verschillende potloodsoorten kunnen op hetzelfde tekenpapier gebruikt worden.

Potloden. Als we over potlood praten bedoelen we gewoonlijk grafietpotlood. Dit is een cilindervormig staafje zwart, enigszins vettig grafiet, waaromheen een houten mantel zit. Tekenpotloden worden grofweg in twee groepen verdeeld: zacht en hard. Een zacht potlood geeft een donkerder lijn dan een hard potlood. Zachte potloden worden gewoonlijk aangeduid met B plus een nummer dat de zachtheidsgraad aangeeft, 3B is bijv. zachter en zwarter dan 2B. Harde potloden worden aangeduid met H en hetzelfde geldt voor de nummering; 3H is harder en geeft een lichtere lijn dan 2H. HB kunt u altijd gebruiken omdat het tussen hard en zacht inzit.

Krijt. Een zwart pastelpotlood of conté-potlood is een cilindervormig staafje krijt en zit net als een gewoon potlood in een houten mantel. Nadat u krijt in potloodvorm geprobeerd hebt moet u ook eens een vierkante zwarte staaf harde pastel of conté-stift proberen. Er zijn ook cilindervormige staafjes zwart krijt te koop die in metalen of plastic houders passen.

Houtskool. Houtskool is in twee vormen in de handel: als dunne houtskoolstaaf in een houten mantel, zoals een grafietpotlood, en als een staaf, waar een papieren huls omheen zit, die u er in stukjes af kunt scheuren. Als u een volledig 'palet' houtskoolstiften wilt, neem dan drie hardheidsgraden: hard, medium en zacht. Sommige fabrikanten merken hun houtskoolstiften van HB tot 6B, zoals grafietpotloden. HB is de hardste en 6B de zachtste. Koop ook een paar stukken natuurlijke houtskool. Er zijn stiften die u in metalen of plastic houders kunt gebruiken.

Papier. U kunt volstaan met gewoon wit tekenpapier, maar probeer ook eens andere soorten. Houtskoolpapier heeft een fijne, ribbelige struktuur en een zeer hard oppervlak, die de streken een rafelig karakter geven en waarop u de streken kunt mengen, waardoor fluweelzachte tonen ontstaan. Probeer ook echt grof papier met een ruwe, onregelmatige struktuur, waardoor de streken krachtig en korrelig worden. Vraag in de winkel eens naar het grofste tekenpapier. Koop een paar vellen en probeer ze.

Gummen. Voor potloodtekeningen is een zacht rubbergum, meestal wit of rose, het beste geschikt. Dit is te koop in rechthoekige vorm, ongeveer zo groot als een duim. Voor krijt- of houtskooltekeningen is een kneedgum het meest geschikt. Dit is een grijs gum van heel zachte rubber, die u als klei in iedere gewenste vorm kunt kneden. Neem een dik stuk spekgum om de witte gedeelten van de tekening schoon te maken.

Overige benodigdheden. U hebt ook een houten tekenplank nodig om het vel papier op te leggen of een stuk zachtboard, waarop u losse vellen papier kunt bevestigen. Verder een paar scheermesjes of een Stanleymes, waar u de potloden mee kunt aanslijpen, een stukje schuurpapier om de potloodpunten mee in vorm te krijgen, wat punaises, een doezelaar om de tonen te mengen en een spuitbus met fixatief. Dit is een dunne, bijna onzichtbare vernis, waardoor de tekeningen niet meer afgeven.

Werkruimte. Als u zit te werken, zorg dan dat het licht van links komt als u rechtshandig bent en van rechts als u linkshandig bent, zodat uw hand geen schaduw op het papier werpt. Potloden kunt u het beste met de punten omhoog in een potje bewaren, zodat de punten niet beschadigd worden. Bewaar stukken krijt of houtskool in een ondiepe doos of in een plastic bestekbak met handige vakverdeling. Hier kunt u trouwens ook potloden in bewaren. Om de gummen schoon te houden moet u ze gescheiden van ander tekengereedschap in een ander doosje of vakje bewaren.

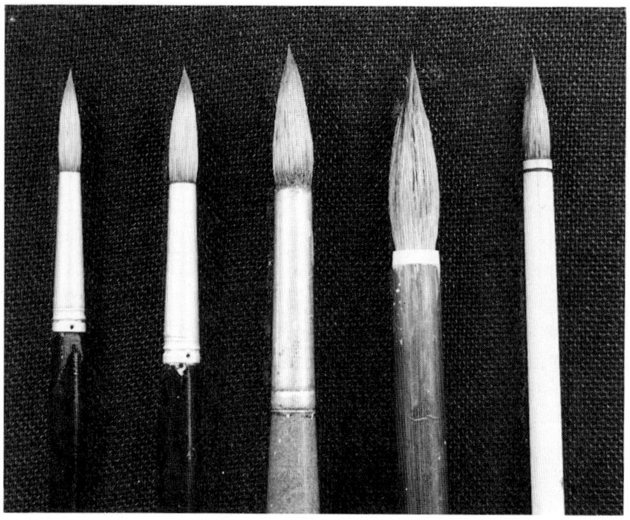

Rundpinsel In nassem Zustand soll ein Rundpinsel konisch zu einer exakten Spitze zulaufen. Hier sehen Sie fünf typische Rundpinsel. Die beiden linken sind aus teurem Marderhaar, der mittlere ist aus Rindshaar, und die beiden rechten sind preiswerte Chinapinsel mit Bambusstiel, etwas für schmalere Brieftaschen. Die Marderpinsel lassen sich recht gut durch Nylonpinsel ersetzen.

Transport von Pinseln Beim Transport der Pinsel dürfen die zarten Haare nicht im Aquarellkasten zerdrückt werden. Am besten befestigen Sie die Pinsel auf einem Stück steifer Pappe, das ein klein wenig länger ist als Ihr größter Pinsel. Zum weiteren Schutz können Sie die Pappe mit den Pinseln in einen festen Umschlag stecken oder in eine Bastmatte oder etwas ähnliches einschlagen, die Sie mit einem Gummiband zusammenhalten.

Flachpinsel Ein guter Flachpinsel sollte in nassem Zustand eine rechteckige Form haben, die an den Seiten etwas nach innen zuläuft. Von links nach rechts sehen Sie hier einen großen Rindshaarpinsel, geeignet für das Anlegen großer Flächen; einen kleinen Borstenpinsel, wie er in der Ölmalerei zum Lösen der Farbe bei Korrekturen benutzt wird; einen großen Nylonpinsel und einen Malerpinsel aus Nylon zum Anlegen oder Anfeuchten großer Flächen.

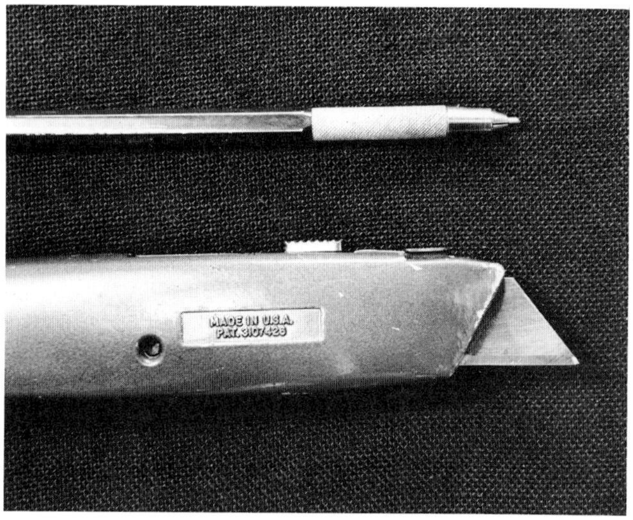

Bleistift und Messer Zum Skizzieren Ihres Bildes auf dem Aquarellpapier benutzen Sie am besten einen gutgespitzten Bleistift mit nicht zu dunkler Mine; HB ist eine gute Stärke. Nehmen Sie einen Drehbleistift, er bricht nicht so leicht ab. Zum Zurechtschneiden von Papier und Klebestreifen und zum Auskratzen von Linien brauchen Sie ein scharfes Messer. Das hier abgebildete Messer ist besonders praktisch und ungefährlich, weil man die Klinge herausnehmen und auswechseln kann, wenn sie stumpf geworden ist.

Aquarellpalette Die vielseitigste Palette für Aquarellfarben ist aus weißem Kunststoff oder aus emaillebeschichtetem Leichtmetall. Am Rand einer solchen Palette sind kleine Vertiefungen, in die Sie die Tubenfarbe hineindrücken. Die Mitte der Palette besteht aus einer großen flachen Mischfläche. Ein kleiner Wall verhindert, daß die Farbe aus den Vertiefungen auf die Mischfläche läuft. Wenn Sie mit dem Malen aufhören, können sie die Mischfläche einfach mit einem Schwamm oder einem Papiertuch abwischen und die Farbe in den Vertiefungen lassen, bis Sie das nächste Mal den Pinsel zur Hand nehmen.

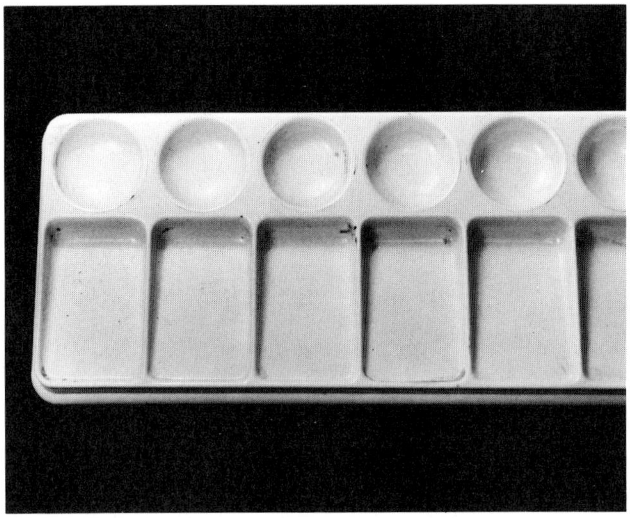

Atelierpalette Diese Palette ist speziell für den Gebrauch im Atelier gedacht. Sie hat sowohl runde Vertiefungen für die Farben als auch rechteckige Abteilungen für bestimmte Mischungen, die ein wenig schräg sind, so daß die Farbmischungen an einer Seite zusammenlaufen und kleine Pfützen bilden, in die Sie Ihren Pinsel tunken können.

Hartfaserplatte und Reißnägel Eine einfache Möglichkeit, Ihr Aquarellpapier während des Malens zu spannen, besteht darin, daß Sie es mit Reißnägeln auf einem Stück Hartfaserplatte befestigen. Die abgebildete Hartfaserplatte ist etwa 18 mm stark und weich genug, daß Reißnägel darin halten. Sie sollte etwas größer sein als das Format Ihres Aquarellpapiers.

Sperrholz und Klebestreifen Sie können Ihr Aquarellpapier natürlich auch mit Klebestreifen auf einem Holzbrett - am besten Sperrholz - befestigen, das sich nicht verzieht, wenn es naß wird. Das Holz ist zu hart für Reißnägel, nehmen Sie also Klebestreifen von 25 mm - oder mehr - Breite. Ein Stück Spanplatte läßt sich auch verwenden. Kaufen Sie, wenn möglich, wetterfestes Sperrholz und Spanplatten, diese Qualitäten sind nicht so empfindlich für Feuchtigkeit.

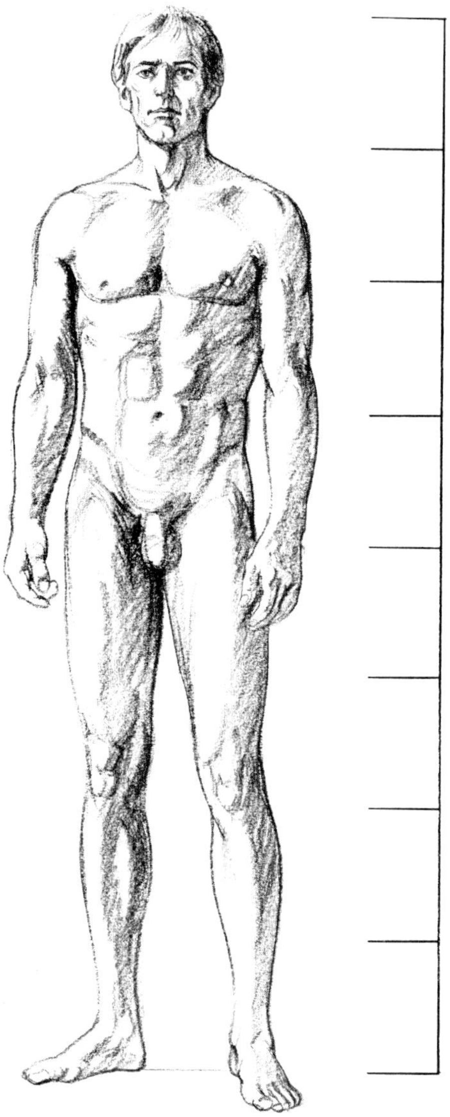

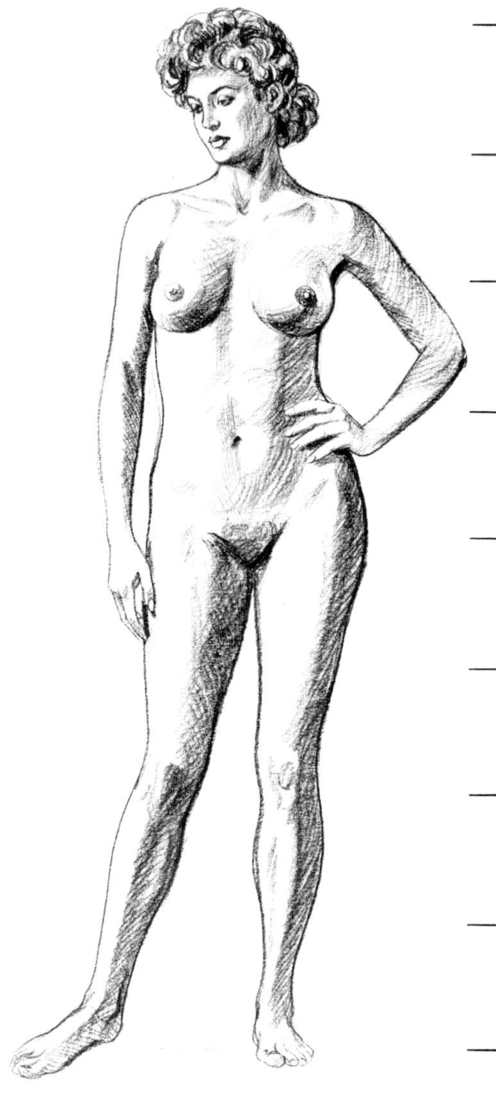

Mannelijk naakt. Al zijn er geen twee modellen precies gelijk, toch is het heel goed om de verhoudingen van de 'ideale' lichaamsvorm te onthouden en deze verhoudingen bij het tekenen in gedachte te nemen. De meeste kunstenaars nemen het hoofd als maateenheid. Ze hebben een figuur voor ogen, dat acht hoofden groot is. De tors is ongeveer drie hoofden groot van de kin tot aan het kruis en wordt door de tepels en de navel in drieën verdeeld. Het bovenbeen is twee hoofden groot, evenals het onderbeen. Op het breedste punt, de schouders, is het 'ideale' mannenlichaam iets meer dan twee hoofden breed.

Vrouwelijk naakt. Het 'ideale' vrouwelijk naakt is ook ongeveer acht hoofden groot; u kunt zien, dat de vrouw wel wat korter is dan de 'ideale' mannenfiguur links. De twee breedste punten, de schouders en heupen, zijn ongeveer twee hoofden breed. Bij beide figuren ziet u, dat de ellebogen zich ongeveer drie hoofden vanaf de bovenkant van het hoofd bevinden, op één lijn met het smalste gedeelte van de taille. De pols ligt op één lijn met het kruis. Deze belijningen veranderen natuurlijk als het model de arm buigt.

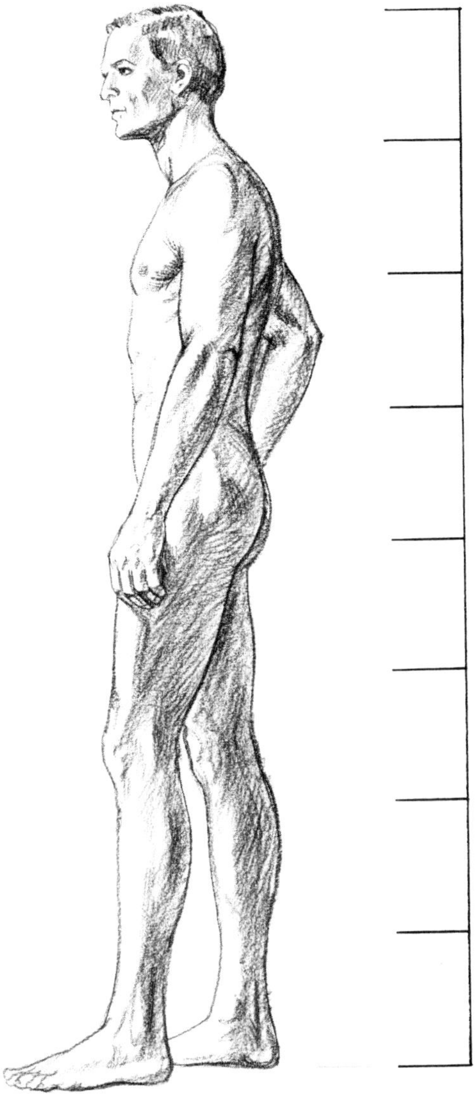

Mannelijk naakt. De verhoudingen blijven vrijwel hetzelfde als u het lichaam van opzij ziet. De onderkant van de borstspier ligt ongeveer halverwege de bovenarm. De onderkant van de bil is ietsje meer dan vier hoofden verwijderd van de bovenkant van het hoofd, iets lager dan het kruis. Als het model de armen buigt liggen de ellebogen niet meer in één lijn met de taille, maar ze liggen nu hoger. Van opzij gezien meet de voet amper iets meer dan een hoofdlengte.

Vrouwelijk naakt. Van opzij gezien heeft de vrouwenfiguur dezelfde verhoudingen, hoewel ze iets kleiner is dan de vergelijkbare mannenfiguur. Zie ook hier dat de borst tot ongeveer halverwege de bovenarm komt, en de onderkant van de bil iets onder het middelpunt van het lichaam ligt. Van de schouder tot de pols is de arm een fraktie korter dan drie hoofden. Dit betekent, dat de boven- en onderarm elk ongeveer anderhalf hoofd moeten meten. Net als bij de mannelijke figuur is de vrouwenvoet iets meer dan een hoofd lang. De uitgestrekte hand is iets minder dan een hoofdlengte.

Schritt 1 Für eine so große Fläche wie diesen Himmel sollten Sie auf Ihrer Palette viel flüssige Farbe mischen und einen großen Pinsel verwenden. Stellen Sie Ihr Zeichenbrett etwas schräg, und beginnen Sie am oberen Bildrand horizontale Pinselstriche so untereinanderzulegen, daß sich ihre Ränder ein wenig überdecken. Arbeiten Sie dabei rasch, damit die Ränder ineinanderlaufen.

Schritt 2 Wenn die Farbe des Himmels trocken ist, wird die ganze Landzunge und die Form der Felsgruppe im Vordergrund in einem dunkleren Farbton angelegt. Wenn dieser zweite Farbauftrag getrocknet ist, wird ein dunklerer Ton darübergelegt; er hebt die Schattenseite des großen Felsens hervor, den Sie bei Schritt 3 besser erkennen können.

Schritt 3 Um dem dunklen Felsen eine beleuchtete Seite zu geben, fügt man auf der linken Seite einen helleren Farbton dazu und zieht ihn auch über den Schatten. Mit knappen Pinselstrichen setzt man kleinere Felsen über den Farbauftrag aus Schritt 2. Hellere Töne kommen zuerst, und wenn diese getrocknet sind, folgen dunklere Pinselstriche, die nach oben gezogen werden.

Schritt 4 Das Wasser und den Strand malt man in zwei Arbeitsgängen. Zuerst legt man ein paar helle Pinselstriche an und läßt sie trocknen, dann folgen dunklere; stellenweise bleibt das Papier unberührt, um Licht auf dem Wasser anzudeuten. Zum Schluß wird der dunkle Felsen links unten im Bild hinzugefügt.

Schritt 1 Himmel und Meer wurden hier in einer Technik gemalt, bei der die Farbe von Dunkel in Hell übergeht, man nennt das Verlaufstechnik. Wie beim gleichmäßigen Farbauftrag legen Sie auch hier horizontale Pinselstriche untereinander, nur daß jetzt die Farbe jedes Mal mehr Wasser enthält. Der Himmel ist mit sanften Pinselstrichen gearbeitet, die kürzeren Pinselstriche beim Meer deuten die Bewegung der Wellen an.

Schritt 2 Die Silhouette der Küste ist genauso gemalt: dunkle Pinselstriche oben, hellere unten. Um den Nebel am Horizont zu unterstreichen, wechselt man schneller von Dunkel zu Hell: Der Übergang ist abrupter.

Schritt 3 Der Strand ist ebenfalls in der Verlaufstechnik gearbeitet. Man beginnt mit einem dunklen Pinselstrich am Rand und geht schnell zu helleren Tönen über. In der Mitte des Strandes verschmilzt der Farbton des Sandes mit dem des Meeres. Man erreicht diesen Effekt mit einem Pinselstrich klaren Wassers. Der sanfte Übergang erweckt den Eindruck von Gischt am Strand.

Schritt 4 Wenn die bisherigen Farbaufträge trocken sind, fügt man mit einem kleineren Pinsel hellere Linien im Wasser hinzu, die Wellen und Gischt andeuten. Der Strand wird im Vordergrund mit kleinen, unregelmäßigen Pinselstrichen ergänzt, die Steinchen und Tang darstellen sollen.

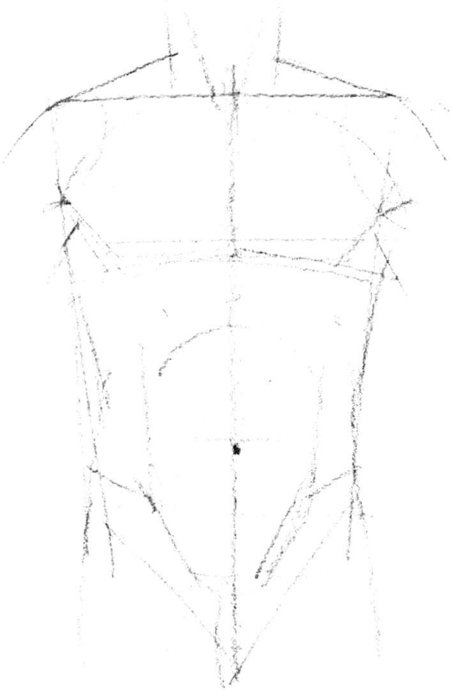

Fase 1. Teken eerst een vertikaal langwerpig trapezium. De bovenkant van het trapezium verbindt de schouders, terwijl de andere horizontale lijnen de plaats van de tepels, navel, kruis en buikspieren aangeven. Zet een vertikale middellijn van de halskuil tot aan het kruis. Dan worden de anatomische vormen geschetst.

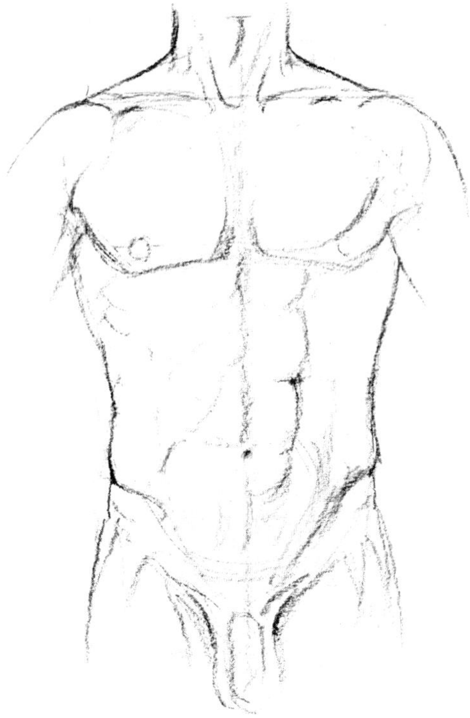

Fase 2. In fase 1 is een soort 'diagram' gemaakt, waaromheen u nu een meer realistische tekening van het lichaam moet tekenen. Het 'diagram' bestaat hoofdzakelijk uit rechte lijnen. Deze worden geleidelijk vervangen door gebogen lijnen, die er levensechter uitzien: de borstpieren, de ribbenkast, de taille en de aanzet van de dijen.

Fase 3. Draai het potlood zo, dat het schuin over het papier glijdt en zet dan met de zijkant van de stift de toongedeeltes op. Met de zijkant maakt u bredere, grovere streken dan met de punt. Daar het licht van links en iets van bovenaf komt, ligt de rechterkant van alle vormen in de schaduw, evenals de onderkant.

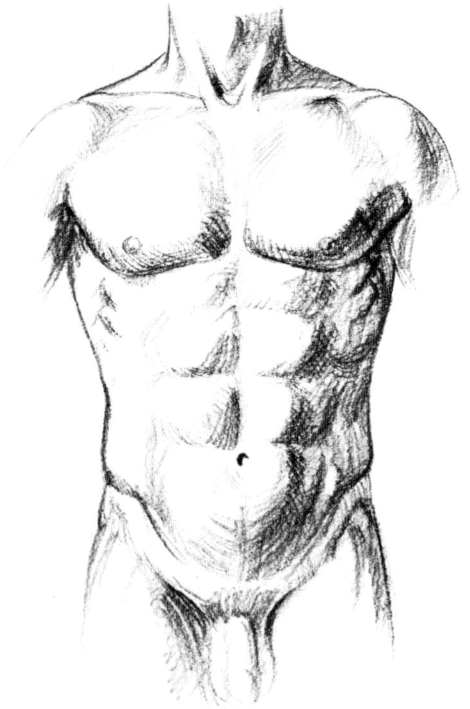

Fase 4. Maak alle tonen dieper met de zijkant van de stift en teken met de punt de omtrekken van de vormen scherper. Op het lichaam ziet u vier duidelijke tonen: de lichten, de halftonen (of middeltonen), de schaduwen en de gereflekteerde lichten.

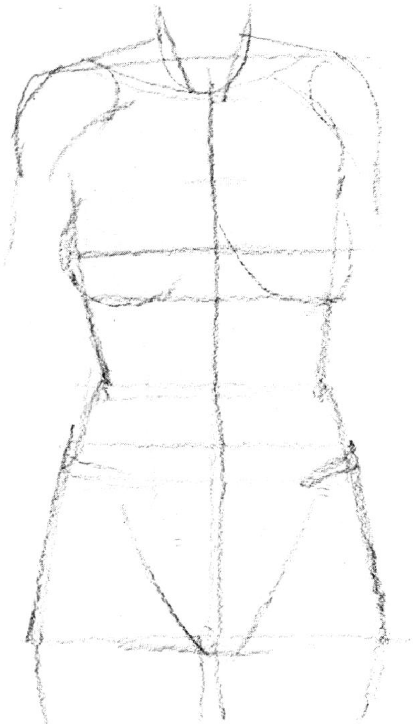

Fase 1. Geef de vrouwelijke tors weer als twee blokvormen, die naar het midden toe bij de taille smaller worden. Een middellijn en loodrechte hulplijnen geven de positie van de schouders, de borsten, navel en kruis aan.

Fase 2. Net als bij de vorige oefeningen tekent u over de evenwijdige hulplijnen heen de rondere vormen van het echte figuur. Geef binnen de vormen van de borsten, onderbuik en heupen de begrenzing van het schaduwgedeelte weer.

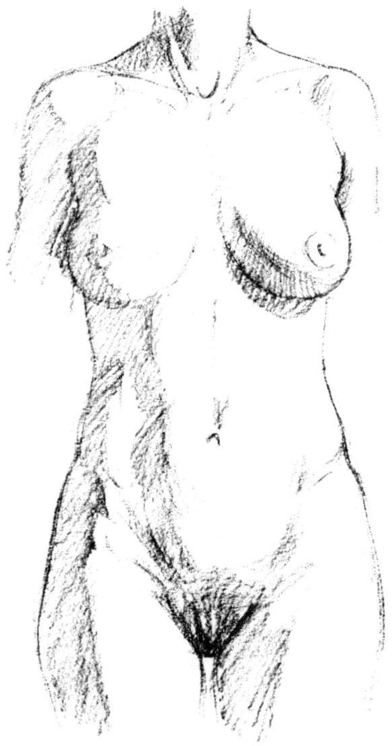

Fase 3. Zet de grote schaduwpartijen met groepen evenwijdige streken met de zijkant van de stift. Het licht komt van rechts, zodat het linker gedeelte van de vormen beschaduwd is. Op het belichte lichaamsgedeelte werpt de borst een cirkelvormige schaduw omlaag.

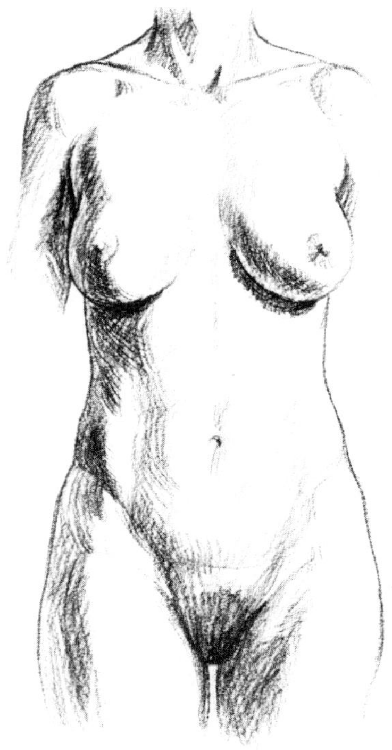

Fase 4. Bouw de tonen op het lichaam op door streek over streek te zetten.

Schritt 1 Bevor man eine Fläche in der Granuliertechnik bearbeitet, sollte man sie in einem Grundton anlegen; er mildert die folgenden, stark strukturierten Pinselstriche etwas. Die Klippen beginnt man mit einem - mehr oder weniger - gleichmäßigen Farbauftrag, wobei zwischen den Pinselstrichen hier und da Lücken bleiben. Diese eckigen, vertikalen Pinselstriche mit dem Flachpinsel unterstreichen das Massive der Klippen. Der Himmel wurde auch in einem gleichmäßigen Farbauftrag angelegt.

Schritt 2 Nun werden Struktur und Details der Klippen in der Granuliertechnik gearbeitet. Man befeuchtet einen großen Flachpinsel mit dunkler Farbe, die nicht viel Wasser enthalten darf, und zieht ihn an den Felsen entlang. Der Pinsel gleitet über die Papieroberfläche, wobei nur die Erhöhungen Farbe abbekommen. Es entstehen Pinselstriche, bei denen stellenweise noch das weiße Papier durchschaut. Wenn die Farbe trocken ist, ergänzt man mit einem kleinen Rundpinsel Risse und andere Details.

Schritt 3 Mit dem Flachpinsel malt man auch das Meer im Hintergrund. Die Farbe enthält jetzt mehr Wasser, und der Pinsel wird fest aufgedrückt, so daß er viel Farbe auf der rauhen Papieroberfläche hinterläßt. Trotzdem bleiben noch kleine Fleckchen von weißem Papier übrig und deuten Licht auf dem Wasser an. Das Meer ist in einer Art Verlaufstechnik gemalt, der Farbton geht von Dunkel in Hell über.

Schritt 4 Die Steine und das Geröll am Fuß der Klippen werden mit einem kleinen Rundpinsel in der Granuliertechnik gearbeitet. Die breiteren Pinselstriche wurden mit der Seite des Pinsels gezogen. Mit der Pinselspitze entstanden die feinen dunklen Linien. Die Seite des Pinsels wird ganz leicht über das Papier geführt und hinterläßt Fleckchen, die den Eindruck von Sand erwecken.

Fase 1. De tors is een smal uitlopende doos met een schuine rechthoek als borstspier en een eivorm voor de schouder en de heup. De ruglijn buigt bij de schouder naar buiten, gaat bij de taille naar binnen en loopt bij de billen weer naar buiten.

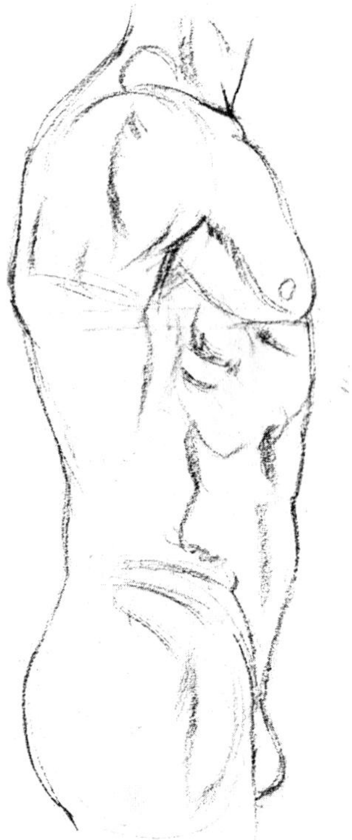

Fase 2. De hoekige vormen van het 'diagram' worden afgerond. De hals steekt gewoonlijk iets naar voren, het bovenste gedeelte van de tors helt iets achterover en de onderste helft weer iets naar voren.

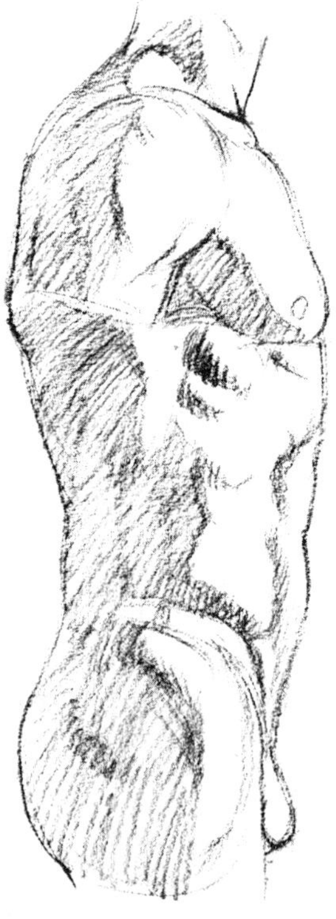

Fase 3. Het licht komt van rechts en laat de linkerkant van de vormen in de schaduw. Zet de vormen met evenwijdige streken op. Bestudeer de belijningen: de punt van de schouder ligt precies boven het midden van de heup.

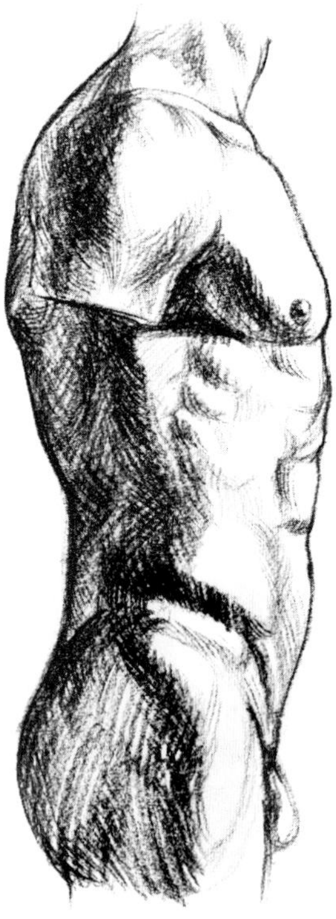

Fase 4. Als de tonen goed opgebouwd zijn en de contouren met de punt van het potlood geaksentueerd zijn, moeten de toongraderingen heel duidelijk in de schaduwen op de borstspier, schouder en heup te zien zijn.

Sand an sonnigen Tagen Bei schönem Wetter hat Sand sicher einen Goldton, er ist aber kaum so gelb wie Sie annehmen werden. Dieser Strand z. B. ist in gedecktem lichtem Ocker gemalt - nicht in leuchtendem Kadmiumgelb - mit einer Spur von gebrannter Siena und etwas Coelinblau in den Schatten. Die Landzunge im Hintergrund wird mit den selben Mischungen gearbeitet.

Sand an trüben Tagen Die Farbe des Sandes ändert sich von Grund auf, wenn der Himmel bedeckt ist. Der Goldton spielt ins Graue und enthält nur noch eine Andeutung von warmer Farbe. Auch hier wird der Strand mit lichtem Ocker und gebrannter Siena angelegt, aber statt Coelinblau gibt man jetzt reichlich Paynesgrau hinzu. Für die Landzunge am Horizont verwendet man sogar eine noch größere Menge Paynesgrau.

Steilküste an sonnigen Tagen Ebenso wie ein Strand, sieht auch eine Steilküste je nach Wetter ganz unterschiedlich aus. Bei Sonnenlicht werden diese Felsen mit einer Mischung von lichtem Ocker und gebrannter Siena gemalt, die hellen Stellen enthalten etwas Krapplack, die Schatten ein wenig Coelinblau. Vorne rechts im Schatten verwendet man mehr Coelinblau.

Steilküste an trüben Tagen Bei bedecktem Himmel sieht dieselbe Steilküste ganz anders aus. Die Felsen werden mit einer Mischung von lichtem Ocker, gebrannter Siena und Paynesgrau angelegt, an den schattigen Stellen verwendet man mehr Paynesgrau. Bei solchem Wetter sieht auch das Wasser grau aus, man malt es dann mit lichtem Ocker und Paynesgrau.

Wellen an sonnigen Tagen Wasser reflektiert immer die Farbe des Himmels, und so wiederholen sich die Blautöne eines sonnigen Himmels im Meer. Bei diesem Bild wurde der Himmel mit Coelinblau über einer ganz hellen Schicht Kadmiumgelb gearbeitet. Die leuchtenden Blau- und Grüntöne der Wellen bestehen aus Ultramarin, Coelinblau und Kadmiumgelb, die sanfteren Töne aus lichtem Ocker, Ultramarinblau und Hookersgrün.

Wellen an trüben Tagen Wenn der Himmel sich bewölkt, wird auch das Meer grau. Hier wurde der Himmel in Coelinblau auf einem noch nassen Farbauftrag von lichtem Ocker gearbeitet. Die dunklen Pinselstriche im Wasser bestehen aus Ultramarinblau, Hookersgrün und Paynesgrau, die helleren Stellen wurden mit Mischungen von lichtem Ocker, Paynesgrau und Hookersgrün gemalt.

Brandung an sonnigen Tagen An einem strahlenden Sonnentag haben die Brandung und die naßglänzenden Felsen einen deutlich warmen Ton. Die warmen Schatten auf der Gischt bestehen aus gebrannter Siena und Coelinblau. Auf der Sonnenseite werden die Felsen mit gebrannter Siena und ein wenig Kadmiumrot und Ultramarinblau gemalt.

Brandung an trüben Tagen Bei bedecktem Himmel wird die Farbe der Gischt kühler und die Felsen haben einen gedämpfteren Ton. Die dunkleren Stellen bei der Gischt sind hier mit gebrannter Siena und Coelinblau gemalt – das Blau dominiert in der Mischung. Die Felsen bestehen aus gebrannter Siena, Ultramarinblau und gebrannter Umbra; in den dunklen Stellen überwiegt Blau.

Klarer Himmel An einem sonnigen Tag ist der Himmel oben am dunkelsten und am tiefsten blau, zum Horizont hin werden die Farbtöne blasser und wärmer. Der Himmel, den Sie hier sehen, wurde am oberen Bildrand mit Ultramarinblau begonnen, es folgen ein paar Pinselstriche Coelinblau, die am Horizont in lichten Ocker übergehen.

Bedeckter Himmel Oft sind bei einem grauen Himmel Lücken zwischen den Wolken, durch die man noch einen warmen Sonnenstrahl sehen kann. Dieser Himmel wurde zuerst mit einer blassen Schicht lichtem Ocker angelegt. In die noch nasse Farbe setzt man ein paar Pinselstriche Paynesgrau. Wo die Wolkendecke aufreißt - über dem Meer und rechts oben im Bild - sehen Sie ein paar Fleckchen hellen Himmels.

Sonnenaufgang Bei einem Sonnenaufgang wechseln sich Streifen warmer Farbe mit kühlen Tönen ab. Achten Sie darauf, daß Ihre Farben ganz zart sind, sie dürfen nie grell wirken. Die warmen Töne über dem Horizont sind eine ganz helle Mischung von gebrannter Siena und lichtem Ocker; über dem Mittelpunkt des Himmels sehen Sie Streifen von Coelinblau und etwas Ultramarinblau.

Sturmwolken Bei einem heraufziehenden Unwetter ist der Himmel viel farbiger als Sie wohl annehmen würden. Bei den dunklen Wolken gibt es oft warme Färbungen und kühle Töne, wenn man ein Stück klaren Himmel sehen kann. Diese Sturmwolken sind mit einer Mischung von gebrannter Siena und Ultramarinblau in Naß-in-Naß-Technik gemalt, in der Mitte sind Tupfer Coelinblau.

Wellen im Vordergrund und im Hintergrund Die Gischt im Vordergrund dieses Bildes wird mit der Seite eines großen Rundpinsels in großzügigen Pinselstrichen gemalt, die Ränder verwischt man mit klarem Wasser. Die Bewegung der Wellen im Mittelgrund wurde mit dem Rundpinsel mit geschwungenen Pinselstrichen herausgearbeitet, die verschieden breit ausfallen. Am Horizont ist das Meer in der Granuliertechnik gemalt. Die Fleckchen, an denen das Papier durchscheint, sollen Sonnenlicht auf dem Wasser andeuten.

Felsen und Gischt Wenn die Wellen gegen die Felsen klatschen, spritzt die Gischt hoch auf. Um diese Aufwärtsbewegung wiederzugeben, drückt man einen großen Rundpinsel fest mit der Seite auf das Papier und zieht ihn dann nach oben. Dadurch entsteht ein so ausgefranster, gebrochener Pinselstrich, wie Sie ihn bei den Schatten der Gischt sehen. Die Felsen beginnt man mit einem gleichmäßigen Farbauftrag und vervollständigt sie mit der Seite des Pinsels in der Granuliertechnik. Die Risse und Vertiefungen an den Felsen werden mit der Spitze eines kleinen Rundpinsels herausgearbeitet. Mit einem scharfen Messer kratzt man zum Schluß an ein paar Stellen die Farbe vom Papier, um den Eindruck von Gischtspritzern zu erwecken.

Sand und Dünengras Die sanften Formen von Sanddünen sind besonders schwierig zu malen, da sich Licht und Schatten nicht klar voneinander abgrenzen lassen. Allerdings sind Dünen auch oft bewachsen, und an der Vegetation kann man gut erkennen, wo eine Düne aufhört und die nächste anfängt. Außerdem werfen die Pflanzen Schatten, die die geschwungenen Formen der Dünen hervorheben. Hier ist das Dünengras mit der Seite eines Rundpinsels gemalt, den man rasch nach oben oder zur Seite zieht. Mit der Spitze des Pinsels legt man über den vorigen Farbauftrag die feinen Linien, die einzelne Halme andeuten sollen. Diese zarten Pinselstriche erkennen Sie auch im Sand im Vordergrund. Ganz vorsichtig malt man dann die Schatten, die über die Dünen ziehen und ihre Formen nachzeichnen. Diese blassen Pinselstriche sehen zuerst wie zufällig aus, bei näherem Hinsehen werden Sie dann aber erkennen, daß sie sehr sorgfältig den Konturen der Dünen folgen.

Sumpfgras und kleine Wellen Das Gras rechts vorne im Bild und im Mittelgrund wurde mit unregelmäßigen Pinselstrichen mit der Seite eines Rundpinsels gemalt, ähnlich wie das Dünengras im vorigen Beispiel. Die grüne Fläche am Horizont ist in waagerechten Pinselstrichen gearbeitet, die ihrer langgestreckten, schmalen Form folgen. Die Farben für das Wasser werden zuerst großzügig mit dicken, horizontalen Pinselstrichen aufgetragen, die ein wenig geschwungen sind, um die Bewegung des Wassers anzudeuten. Nasser Farbauftrag wechselt mit Granuliertechnik ab; dort wo das weiße Papier durchschimmert, scheint Licht auf das Wasser zu fallen. Wenn der erste Farbauftrag trocken ist, fügt man mit der Spitze eines kleinen Rundpinsels die feineren, dunkleren Linien hinzu, die die kleinen Wellen ganz im Vordergrund andeuten. Vorne im Bild sind die Wellen sehr sorgfältig gearbeitet; man soll annehmen, daß sich die Details auch im Hintergrund fortsetzen, wo das Wasser in Wirklichkeit nur mit wenigen großzügigen Pinselstrichen angedeutet ist.

Schritt 1 Die Bleistiftskizze legt die Form der Gischt bei der Brandung fest, die Wellenberge im Hintergrund und die Küstenlinie werden nur angedeutet. Man legt den Himmel ganz blaß mit lichtem Ocker an und setzt dann mit einem großen Rundpinsel ein paar Pinselstriche Coelinblau darüber. Die Farben laufen etwas ineinander, mischen sich aber nicht vollständig.

Schritt 2 Mit dem großen Rundpinsel malt man in großzügigen, geschwungenen Strichen das Wasser. Die weißen Zwischenräume deuten Schaumkronen an. Ein wenig freies, weißes Papier am Horizont erweckt den Eindruck von Licht auf der Wasseroberfläche. Die Mischungen bestehen aus lichtem Ocker, Coelinblau, Paynesgrau und Ultramarinblau, es werden jedoch nie mehr als zwei oder drei Farben kombiniert. Die Landzunge im Hintergrund ist in gleichmäßigem Farbauftrag in lichtem Ocker, Coelinblau und Paynesgrau angelegt.

Schritt 3 Jetzt werden die Konturen der Gischt durch die umliegenden Pinselstriche in Ultramarinblau, Hookersgrün und gebrannter Umbra genauer festgelegt. Bevor diese Farben aufgetragen werden, feuchtet man das Papier mit klarem Wasser an, die Pinselstriche im unteren Teil der Welle verlaufen so an den Rändern.

Schritt 4 Mit weiteren geschwungenen Pinselstrichen in Ultramarinblau, Hookersgrün und gebrannter Umbra wird das Meer dunkler getönt. Die dunkelsten Stellen konzentrieren sich um die Gischt, so daß sie sich als helle kräftige Form gut hervorhebt.

Schritt 5 Wenn die Farbe der umliegenden Wellen getrocknet ist, ergänzt man die Schatten der Gischt mit einer hellen Mischung von Coelinblau und gebrannter Siena. Der Farbauftrag wird mit Pinselstrichen voll klaren Wassers abgeschwächt, das Papier im oberen Teil der Gischt bleibt dabei rein weiß. Über und hinter der Schaumkrone wird der grüne Wellenkamm mit Kadmiumgelb, Hookersgrün und Coelinblau gemalt. Die Pinselstriche sind nach unten geschwungen und folgen so der Bewegung der Welle.

Schritt 6 Der Strand am unteren Bildrand wird mit gebrannter Siena und Coelinblau anglegt. An den helleren Stellen enthält die Mischung außerdem noch gebrannte Umbra, an den dunkleren Ultramarinblau. Die nassen Pinselstriche laufen ineinander. Beachten Sie den hellen Fleck links von der Mitte, der von vertikalen Streifen gebrochen wird; er sieht aus wie eine Spiegelung auf dem nassen Sand.

Schritt 7 Einige der weißen Flecken im Hintergrund des Meeres sind ein wenig zu auffällig, man tönt sie, indem man mit einem kleinen Rundpinsel eine ganz helle Mischung von lichtem Ocker und Coelinblau aufträgt. Schauen Sie sich in Schritt 6 noch einmal die helle Stelle ganz rechts, kurz über der Mitte, an und vergleichen Sie sie jetzt mit Schritt 7. Sicher bemerken Sie einen Unterschied. Diese hellen Fleckchen müssen unbedingt etwas dunkler getönt werden, damit sie nicht die Aufmerksamkeit von der größeren weißen Fläche der Brandung ablenken. Das Wasser, das über den Strand läuft, wird mit hellen Pinselstrichen in Ultramarinblau, Hookersgrün und gebrannter Umbra hervorgehoben. Sie sehen das deutlich über der dunklen Stelle am Strand rechts im Bild. Mit der Spitze eines kleinen Rundpinsels ergänzt man Details, wie Steine und Tang am Strand. Beachten Sie, wie sich links von der Mitte ein paar feine Linien über den hellen Fleck im Sand ziehen; der Strand sieht jetzt natürlich und glänzend aus.

Schritt 1 Die Form der Felsen wird wie die Wellen und der Horizont sorgfältig mit dem Bleistift vorgezeichnet. Die aufschäumende Brandung dagegen wird nur angedeutet, da ihre Konturen sowieso verwaschen wirken sollen. Das obere Drittel des Papiers wird jetzt mit klarem Wasser angefeuchtet. Dann trägt man lichten Ocker und Paynesgrau auf - bis hin zum Rand der Gischt, wo die Farbe verläuft.

Schritt 2 Wenn der Himmel und das Meer im Hintergrund getrocknet sind, tönt man das Wasser mit Paynesgrau und lichtem Ocker dunkler. Ist dieser Farbauftrag trocken, legt man mit der selben Mischung dunklere Pinselstriche darüber, wobei helle Streifen dazwischen freigelassen werden.

Schritt 3 Nun legt man ein paar helle Schatten um die schäumende Gischt in der Mitte. Die Mischungen bestehen aus lichtem Ocker, Paynesgrau und Ultramarinblau und werden mit einem großen Rundpinsel aufgetragen. Die dunklen Seiten der Wellen im Mittelgrund und im Vordergrund rechts malt man mit der selben Mischung, die jetzt allerdings weit weniger Wasser enthält. Bisher ist der größte Teil der Gischt noch weißes Papier.

Schritt 4 Die wichtigsten Schattenflächen in der Gischt werden nun mit Paynesgrau und ein wenig lichtem Ocker gemalt. Die Pinselstriche sind kurz und unregelmäßig, man verwendet oft die Seite des Rundpinsels, um die Bewegung der Brandung wiederzugeben. Teilweise werden die Ränder der Pinselstriche mit Wasser verwischt, besonders deutlich sieht man das bei dem Schatten links neben der hochaufspritzenden Gischt.

Schritt 5 Die dunklen Felsen werden großzügig und rasch mit gebrannter Umbra, Hookersgrün und Ultramarinblau angelegt. Die Pinselstriche sind verschieden getönt, einige enthalten mehr gebrannte Umbra, andere mehr Blau oder Grün. Noch während die Farbe feucht ist, schabt man mit dem Messer einige helle Flecken und unregelmäßige Kratzer heraus, die die Struktur der Felsen unterstreichen sollen.

Schritt 6 Wenn die Felsen trocken sind, fügt man mit der Spitze des kleinen Rundpinsels in einer Mischung aus Krapplack und Hookersgrün dunkle Linien und Punkte hinzu. Jetzt haben die Felsen die typischen Risse und Kanten in ihrer rauhen Oberfläche. Rechts oben ergänzt man nun noch mit einem kleinen Rundpinsel ein paar Pinselstriche Paynesgrau und Ultramarinblau, um die Wellen im Hintergrund besser abzugrenzen.

Schritt 7 Jetzt braucht man ein scharfes Messer. Man verwendet nicht die Spitze, sondern die Schneide. Sie wird leicht über die Oberfläche der Felsen und die Gischt im Vordergrund geführt und entfernt etwas Farbe von den Erhabenheiten in der Papieroberfläche. An diesen Stellen sieht man jetzt das weiße Papier, und man bekommt den Eindruck, daß die Gischt über die Felsen spritzt. Mit der Spitze des Messers wurde die weiße Linie neben dem dunklen Riß im Felsen ganz rechts herausgekratzt. Der Riß sieht jetzt tiefer und plastischer aus. Wenn Sie mit dem Messer arbeiten, sollten Sie genau wissen, wann Sie aufhören müssen. Diese Technik ist so faszinierend, daß Sie sich leicht verleiten lassen könnten, zuviel Farbe wegzunehmen, doch ein paar Kratzer sind schon genug.

Schritt 1 Die Form der Pfützen, die das ablaufende Wasser zurückläßt, wird ebenso wie die Felsen und der Horizont sorgfältig vorgezeichnet. Dieses Bild weist viele wunderbare runde Formen und Winkel auf, die in der Skizze festgelegt werden müssen. Dann wird der Himmel mit lichtem Ocker angelegt; in den noch nassen Farbauftrag setzt man ein paar Pinselstriche mit Paynesgrau.

Schritt 2 Die Landzunge im Hintergrund wird mit einer dunklen Mischung von lichtem Ocker, Coelinblau und Paynesgrau gemalt; hier und da wird die Farbe durch einen Tupfer mit einem Papiertuch aufgehellt. Die selbe Mischung wird auch für den Strand verwendet. Sehen Sie, wie sich der Farbton zum Vordergrund hin verändert? Weiter vorn enthält die Mischung mehr lichten Ocker. Felsen und Wasser wurden bisher noch nicht in Angriff genommen.

Schritt 3 Nun wird mit Paynesgrau, lichtem Ocker und gebrannter Siena der Sand dunkler getönt und besser herausgearbeitet. Links unten im Bild wurde die Granuliertechnik angewandt, um die Steinchen im Sand anzudeuten.

Schritt 4 Das stehende Wasser der Pfützen wird mit dem Flachpinsel in vertikalen Strichen mit Paynesgrau, Coelinblau und lichtem Ocker gemalt, die Spiegelungen von Himmel und Sand andeuten sollen. Das Wasser im Hintergrund rechts oben wird mit horizontalen Pinselstrichen in der selben Mischung gemalt. Dann arbeitet man die dunklen Felsen mit Mischungen von Krapplack, Hookersgrün und gebrannter Umbra; die Pinselstriche überlappen dabei, einige dunkler. Man kratzt mit einem stumpfen Messer helle Stellen heraus.

Schritt 5 Die Spiegelung des größten Felsens wird mit der selben Mischung von Hookersgrün, Krapplack und gebrannter Umbra gemalt. Man benutzt am besten einen kleinen Rundpinsel, damit man die Farbe vorsichtig um den Rand des kleinen Felsens darunter auftragen kann. Oben und an der linken Seite des Spiegelbildes werden die Konturen mit klarem Wasser verwischt. Die Spiegelungen der kleinen Felsen ganz rechts und unten im Bild malt man mit der selben Mischung.

Schritt 6 Weitere dunkle Töne werden am Rand des Wassers aufgetragen; es sind Mischungen aus Hookersgrün, Paynesgrau, lichtem Ocker und gebrannter Siena. Die Struktur des Sandes unter dem größten Felsen und weiter links unten wird mit gebrannter Siena und Hookersgrün herausgearbeitet. Oben auf den Felsen löst man die Farbe mit einem Borstenpinsel etwas an und tupft sie mit einem Papiertuch ab.

Schritt 7 Mit einem kleinen Rundpinsel vervollständigt man die Felsen mit ein paar Pinselstrichen in einer dunklen Mischung aus Kadmiumrot und Hookersgrün. Mit der selben Mischung deutet man in der Granuliertechnik Tang auf dem Sand an. Beachten Sie, wie der Tang der Form der Küste folgt. Zum Schluß sprenkelt man noch etwas Farbe über den Strand, um Steinchen anzudeuten. Dieses Bild ist ein ganz besonders gutes Beispiel für die Luftperspektive: Im Vordergrund findet man die dunkelsten Farbtöne, die klarsten Kontraste und die meisten Details, wohingegen im Hintergrund die helleren Töne und nur wenige Einzelheiten zu sehen sind.

Schritt 1 Wenn die See das Land überspült, entsteht eine Marsch, wo dichte Grasbüschel dazu beitragen, daß sich langsam Inseln und Halbinseln bilden. Die Formen sind hier unregelmäßig und stachelig, so daß Sie sie in der Skizze lediglich andeuten können; die Flächen von Wasser und Land sollten Sie aber festlegen, so gut es geht. Zuerst tönt man den Himmel mit lichtem Ocker und Krapplack; es folgen Coelinblau und Paynesgrau, während der erste Farbauftrag noch naß ist.

Schritt 2 Beim Malen des Wassers geht man genauso vor. Zuerst trägt man auf den Flächen in waagerechter Pinselführung Krapplack, lichten Ocker und ein wenig Paynesgrau auf; zwischen den einzelnen Pinselstrichen bleiben Lücken, die Lichtreflexe auf dem Wasser andeuten. Noch bevor dieser warme Ton ganz aufgetrocknet ist, vertieft man den Vorder- und Mittelgrund mit einer Mischung aus Coelinblau und Paynesgrau. Die Pinselstriche sind leicht geschwungen, um den Eindruck von kleinen Wellen hervorzurufen.

Schritt 3 Die Flächen für das Gras im Mittelgrund und am Horizont werden mit einer warmen Mischung von gebrannter Siena und Coelinblau angelegt. Noch während diese Farbe naß ist, trägt man mit unregelmäßigen Pinselstrichen eine dunklere, kühlere Mischung aus Hookersgrün und gebrannter Umbra auf, wobei zwischen den einzelnen Pinselstrichen Lücken bleiben. Man läßt die Farbe des Grases ruhig bis in das Wasser hineingehen, um Spiegelungen anzudeuten.

Schritt 4 Das Gras im Vordergrund wird mit den selben Farben gemalt, die auch schon in Schritt 3 verwendet wurden, nur enthalten sie jetzt weniger Wasser und sind dadurch dunkler. Solange dieser Farbauftrag noch feucht ist, kratzt man mit einem stumpfen Messer ein paar helle Linien heraus, die blasse Halme andeuten. Wie Sie sehen, sind die einzclnen Pinselstriche im Ton sehr unterschiedlich, einige enthalten mehr Braun, in anderen überwiegt Blau oder Grün. Das Grasbüschel links im Bild wird ähnlich gemalt.

Schritt 5 Mit einem kleinen Rundpinsel ergänzt man in einer Mischung von Hookersgrün, Coelinblau und gebrannter Siena weitere dunkle Töne bei dem Gras im Hintergrund. Man hat jetzt den Eindruck, im Gras Licht und Schatten zu sehen, obwohl es nur sehr großzügig gemalt ist.

Schritt 6 Mit der Spitze eines kleinen Rundpinsels fügt man weitere Details beim Gras hinzu. (Für diese Arbeit könnte man gut einen sogenannten „Schlepper“ verwenden.) Die dunklen Linien bestehen aus einer Mischung von Hookersgrün und gebrannter Siena. Einzelne Grashalme werden auch im Wasser ergänzt, bei einem der Halme weiter links können Sie sogar eine Spiegelung erkennen.

Schritt 7 Wiederum mit der Spitze des kleinen Rundpinsels ergänzt man im Vordergrund kleine, dunkle Wellen und Spiegelungen unter den Grasbüscheln auf der rechten Seite. Diese geschwungenen Pinselstriche, die die Bewegung des Wassers ausdrücken, bestehen aus Hookersgrün, Paynesgrau und gebrannter Umbra. Weitere Halme werden mit Hookersgrün, gebrannter Siena und Krapplack ergänzt. Wenn Sie sich die linke untere Bildseite genauer ansehen, werden Sie die Spiegelungen der Gräser als feine Zickzacklinien erkennen. Zum Schluß kratzt man noch ein paar helle Linien aus dem Gras, um einzelne Halme im Sonnenlicht anzudeuten. Wenn Sie bei einem Bild so viele Details im Vordergrund haben wie hier, müssen Sie unbedingt darauf achten, daß der Mittelgrund einfach gehalten wird und der Himmel schlicht ist.

Schritt 1 Da dieser Himmel in der Naß-in-Naß-Technik gemalt werden soll, brauchen Sie nur ein paar große Wolken mit dem Bleistift zu skizzieren, und auch diese Linien verschwinden mit Sicherheit unter der fließenden Farbe. Allerdings sollten Sie den Horizont und die Felsen genau vorzeichnen. Die Linien im Meer trennen die dunklen von den hellen Flächen. Damit der Himmel nicht zu kalt aussieht, wird er zuerst mit einer warmen Mischung von lichtem Ocker und Krapplack angelegt.

Schritt 2 Während der erste Farbauftrag noch naß ist, setzt man dunkle Pinselstriche mit Hookersgrün, Ultramarinblau und gebrannter Siena auf die glänzende Oberfläche. Das Papier wird dabei nicht ganz mit Farbe bedeckt, eine große und mehrere kleine Lücken werden für das Mondlicht ausgespart. Solange die Farbe noch naß ist, kann man sie mit einem Papiertuch abtupfen, wenn sie zu sehr fließen sollte.

Schritt 3 Nachdem die Farbe des Himmels getrocknet ist, werden die dunklen Töne des Wassers mit einer Mischung von Hookersgrün, Ultramarinblau und gebrannter Siena gemalt. Die Farbe wird mit einem kleinen Rundpinsel waagerecht aufgetragen. Auf einer großen Fläche und an mehreren kleinen Stellen muß das Papier für das Mondlicht weiß bleiben. Diese weißen Stellen werden dann teilweise mit der zuvor verwendeten Mischung dunkler getönt, die man auch in den Vordergrund hineinzieht. Brandung und Felsen sind immer noch unbemaltes Papier.

Schritt 4 Die dunklen Felsen werden mit einer Mischung von gebrannter Umbra, Krapplack und Hookersgrün angelegt. Zuerst wird ein heller Ton dieser Mischung aufgetragen, es folgen dunklere Pinselstriche, von denen einige mehr Braun, andere mehr Grün enthalten. Die Oberseite des größten Felsens läßt man weiß, um den Mondschein darauf anzudeuten.

Schritt 5 Jetzt werden die leuchtenden Schatten in der Brandung mit Mischungen von gebrannter Siena, Coelinblau und lichtem Ocker gemalt. Die nassen Pinselstriche verschmelzen miteinander. Mit Coelinblau und gebrannter Siena ergänzt man eine dunkle Stelle neben dem Felsen im Vordergrund. An den Rändern der Brandung bleibt das Papier weiß, so daß der Eindruck von Mondlicht auf dem Wasser entsteht. Beachten Sie die geschwungenen Pinselstriche unten in der linken Ecke: Sie deuten einen Strudel an.

Schritt 6 Bei den dunklen Felsen löst man jetzt an einigen Stellen die Farbe mit einem nassen Borstenpinsel an und tupft sie dann mit einem Papiertuch ab. Mit einer Mischung aus Krapplack und lichtem Ocker gibt man nun den Felsen noch einen etwas wärmeren Ton. Man verwendet einen kleinen Rundpinsel.

Schritt 7 Wieder mit dem kleinen Rundpinsel ergänzt man in einer Mischung von Krapplack und Hookersgrün ein paar dunkle Stellen an den Felsen, um die Kanten stärker hervortreten zu lassen. Kurze Pinselstriche in der selben Mischung deuten weitere Wellen auf dem Meer im Hintergrund an. Wenn Sie sich den Wellenkamm direkt unter dem Mondstrahl einmal genauer anschauen, werden Sie deutlich sehen, wo man mit dem Borstenpinsel oder einem Papiertuch ein wenig Farbe weggenommen hat, um das Bild aufzuhellen. Die mondbeschienene Oberseite des höchsten Felsens bekommt nun mit einer blassen Mischung aus Krapplack und lichtem Ocker einen etwas wärmeren Ton. Sie sehen diese Farbe gut an dem Streifen Mondlicht auf dem Wasser. Sicher haben Sie jetzt erkannt, daß ein Bild mit Mondschein keineswegs nur aus Schwarz, Grau und Weiß bestehen muß, es kann eine Vielzahl von Farben enthalten.

Schritt 1 Mit dem Bleistift skizziert man die Steilküste im Hintergrund, den Horizont, die Felsen vorne im Bild und die Wellenkämme. Der Himmel wird mit einem großen Flachpinsel in Paynesgrau und lichtem Ocker angelegt. Diese Mischung wird auch für die Küste im Hintergrund verwendet. Rechts unten enthält der Farbauftrag mehr Wasser, damit die Landzunge nicht zu dunkel wirkt.

Schritt 2 Die Küste wird in Paynesgrau, Coelinblau und lichtem Ocker gemalt. Man trägt die Farbe mit einem großen Rundpinsel gleichmäßig auf. Mit der Spitze des Pinsels werden dann sorgfältig die Konturen der Klippen herausgearbeitet. Eine hellere Version dieser Mischung verwendet man auch für die Felsen rechts im Bild. Wie Sie sicher bemerkt haben, bedeckt die Farbe des Himmels auch die Spitze des großen Felsens; das ist aber nicht schlimm, da der Felsen ja in einem sehr dunklen Farbton gemalt wird. Der ganze Vordergrund besteht noch aus weißem Papier.

Schritt 3 Mit einem kleinen Rundpinsel trägt man auf der Fläche des Wassers Paynesgrau, lichten Ocker und ein wenig Kadmiumgelb auf. Bevor diese Farbschicht trocken ist, fügt man mit der Spitze des Pinsels dunklere Pinselstriche in der selben Mischung hinzu.

Schritt 4 Die Felsen rechts im Bild wurden unregelmäßig in Hookersgrün, Paynesgrau und gebrannter Siena angelegt. Mit einem kleinen Rundpinsel arbeitet man dann die Konturen genauer heraus. Beachten Sie, wie die unteren Ränder der Felsen hier und da mit Wasser verwischt wurden, so daß sie nun in den Strand überzugehen scheinen. Ein paar großzügigc diagonale Pinselstriche bei der Küste im Hintergrund deuten Schatten auf den Klippen an, sie wurden in Paynesgrau und lichtem Ocker gemalt.

Schritt 5 Der Grundton des Sandes besteht aus der selben Mischung von Paynesgrau und lichtem Ocker und wird mit einem großen Rundpinsel aufgetragen. Sie haben sicher bemerkt, daß fast das ganze Bild bisher mit diesen zwei Farbtönen gemalt worden ist. Nebel scheint einen grauen Schleier über alle Dinge zu legen. Es ist jedoch kein totes Stahlgrau, sondern ein Grauton, der viele feine Farbschattierungen enthält.

Schritt 6 Die Felsen links unten setzen den einzigen wirklich dunklen Akzent in diesem Bild. Sie werden zuerst in Paynesgrau, lichtem Ocker und ein wenig Hookersgrün angelegt, dann, solange dieser Farbauftrag noch naß ist, tönt man sie mit Paynesgrau, Hookersgrün und gebrannter Siena dunkler. Alle Felsen bilden eine zusammenhängende Form, die nur von ein paar dunklen Pinselstrichen unterteilt wird.

Schritt 7 Die Formen der Felsen links im Bild werden mit Paynesgrau und gebrannter Siena hervorgehoben. Diese dunkle Mischung wird mit einem kleinen Rundpinsel aufgetragen. Jetzt sind die Schattenflächen festgelegt, und man kann mit der Pinselspitze ein paar Trennungslinien zwischen den Felsen ziehen. Die unteren Ränder der Felsen sind in der Granuliertechnik gearbeitet, so daß die Klippen tief in den Sand hineinzureichen scheinen und nicht so aussehen, als seien sie daraufgesetzt. Ein paar dieser dunklen Pinselstriche ergänzt man auch bei den Felsen rechts und am Rand des dunklen Wassers, dann wird diese Mischung in der Granuliertechnik über den Sand verteilt. Damit die Steilküste noch mehr in der Ferne zu verschwimmen scheint, löst man die Farbe mit einem nassen Borstenpinsel an und löscht sie dann mit einem Papiertuch ab. Die Spitzen der Felsen rechts im Bild werden ebenso behandelt, genau wie das Wasser am Horizont. Nun scheinen die Felsen im Vordergrund tatsächlich hervorzutreten und die Küste wird vom Nebel geheimnisvoll eingehüllt.

Schritt 1 In dieser Skizze werden Felsen, Horizont und Landzunge genau festgehalten, die dunklen und hellen Flächen am Himmel jedoch nur angedeutet. Die Bleistiftlinien werden später sowieso von den Pinselstrichen überdeckt. Der erste Farbauftrag bei diesem Himmel besteht aus hellen Mischungen von gebrannter Siena, lichtem Ocker und Coelinblau; rechts unten kommen ein paar dunklere Pinselstriche in Coelinblau hinzu.

Schritt 2 Wenn der Grundton trocken ist, legt man schwungvolle Pinselstriche in gebrannter Siena und Coelinblau darüber, die die Bewegung der Sturmwolken ausdrücken. Zuerst wird dazu eine helle Mischung dieser beiden Farben aufgetragen; bevor diese Tönung aufgetrocknet ist, werden dann dunklere Pinselstriche, die mehr Blau enthalten, hinzugefügt. Beachten Sie, daß eine helle Stelle oben am Himmel und ein Lichtstreifen über dem Horizont ausgespart wurden.

Schritt 3 Jetzt läßt man die Farben aus Schritt 2 trocknen und trägt anschließend mit raschen, unregelmäßigen Pinselstrichen, die das Dahinjagen der Sturmwolken unterstreichen, eine Mischung aus gebrannter Siena und Ultramarinblau auf. Einige dieser Pinselstriche laufen ineinander und bilden verschwommene Übergänge, andere sind klar abgegrenzt, wie hier rechts oben im Bild. Ein wenig von diesem dunklen Farbton wird auch über die Küste im Hintergrund gelegt.

Schritt 4 Wenn der Himmel getrocknet ist, wird die Landzunge mit lichtem Ocker und Hookersgrün in der sonnenbeschienenen Fläche rechts gemalt. Solange der Farbauftrag noch naß ist, legt man die dunkle linke Seite mit Hookersgrün und gebrannter Umbra an: Die beiden Farben laufen dann ineinander. Das Wasser wird mit langen, geraden Pinselstrichen in Hookersgrün, Ultramarinblau und gebrannter Umbra angelegt; zur Küste hin wird die Mischung mit Wasser etwas aufgehellt.

Schritt 5 Mit gebrannter Siena und Coelinblau malt man den Strand in unregelmäßigen Pinselstrichen, die unterschiedlich hell sind. An einigen Stellen wird dieser Farbton über das helle Wasser gelegt.

Schritt 6 Die Felsen werden mit gebrannter Umbra, Ultramarinblau und einer Idee Kadmiumgelb gemalt. Man ergänzt die dunklen Stellen bevor die hellen Töne trocken sind, so daß die Farben ineinander fließen können. Diese dunkleren Pinselstriche enthalten mehr Blau. Ein paar Tupfer mit dem Pinsel deuten rechts bei den Felsen Steinchen an.

Schritt 7 Für die Details, die jetzt noch bei den Felsen ergänzt werden, mischt man Krapplack und Hookersgrün. Mit präzisen Pinselstrichen vertieft man die Schatten und läßt die Kanten schärfer hervortreten. Anschließend legt man helle geschwungene Linien über den Strand, um die Küste anzudeuten. Ein paar Tröpfchen dieser Mischung werden über den Sand im Vordergrund gesprenkelt und erwecken den Eindruck von Steinchen.
Ein solches Bild wird so rasch und intuitiv gearbeitet, daß Sie immer noch etwas finden können, das nicht so ganz gelungen ist. Es ist jedoch so gut wie sicher, daß Sie mit dem „Verbessern" dieser kleinen Unvollkommenheiten, die nur Sie selbst sehen, das ganze Bild verderben. Spontaneität ist ein wesentliches Element in der Aquarellmalerei.

Schritt 1 Felsen muß man sich ganz genau ansehen und dann sorgfältig vorzeichnen; man kann sie nicht einfach nach der Phantasie malen. Diese Skizze hier hält nicht nur die Umrisse der Felsen fest, sondern auch die Form der Schatten. Der Himmel wird hell mit lichtem Ocker angelegt, über die noch nasse Farbe legt man eine Mischung von Paynesgrau und Krapplack, genau über dem Horizont herrscht der rötliche Ton vor.

Schritt 2 Das Wasser malt man mit Ultramarinblau, Hookersgrün und gebrannter Umbra. Die Farbe wird am Horizont dunkel und dicht aufgetragen, zum Strand hin mit klarem Wasser aufgehellt. Im Hintergrund läßt man etwas Papier weiß, um Licht auf dem Wasser anzudeuten; weitere weiße Fleckchen am Strand entlang erwecken den Eindruck von Gischt. Die Landzunge wird zuerst hell mit Paynesgrau und gebrannter Siena angelegt. Wenn der Farbauftrag trocken ist, malt man mit einer dunkleren Mischung die Schatten auf den Felsen.

Schritt 3 Der Sand ist mit einer Mischung aus lichtem Ocker und Paynesgrau gemalt. Es ist nicht so schlimm, wenn etwas von dem Farbton des Sandes über den Rand der Felsen läuft, er verschwindet später unter der dunklen Tönung der Felsen.

Schritt 4 Die großen Felsen und einige der kleineren Steine malt man in einer dunklen Mischung aus Hookersgrün, gebrannter Umbra und ein wenig Kadmiumrot. Wenn dieser Farbauftrag trocken ist, legt man die dunklen Flächen in Ultramarinblau und gebrannter Umbra darüber. Der untere Rand der Felsen wird in der Granuliertechnik gearbeitet, so daß sie in den Sand gesunken erscheinen.

Schritt 5 Mit einer helleren Mischung aus Ultramarinblau und gebrannter Umbra werden die übrigen Felsen und Steinchen am Strand gemalt. Diese „Steinchen" sind nichts weiter als geschwungene Pinselstriche, an einem Ende breit, am anderen schmaler. Sie sehen das besonders gut im Vordergrund rechts. Nur ein paar der größeren Felsen werden ganz sorgfältig gemalt und bekommen auch einen Schatten auf der rechten Seite. Die selbe Mischung wird dann über den Sand gesprenkelt, um kleinere Steinchen anzudeuten.

Schritt 6 Mit der äußersten Spitze eines kleinen Rundpinsels ergänzt man nun noch aus einer Mischung von Hookersgrün und Krapplack dunkle Linien bei den Felsen. Die selbe Mischung verwendet man für die Schatten der kleineren Felsen und Steine am Strand.

Schritt 7 Mit der Spitze eines kleinen Rundpinsels trägt man in einer Mischung von Hookersgrün, Ultramarinblau und gebrannter Siena horizontale Pinselstriche auf der Wasseroberfläche auf. An der Oberseite der kleineren Steine schabt man mit einer scharfen Klinge ein paar helle Fleckchen frei. Die Klinge wurde auch an den Stellen verwendet, wo die Wellen den Strand überspülen, und ebenso auf der Oberseite der großen Felsen. Die scharfe Spitze der Klinge wird dann noch einmal neben den dunklen Linien an den Felsen über das Papier gezogen, so daß die Risse plastischer wirken. Sie sehen hier nun also ein weiteres dieser „grauen“ Küstenbilder, die in Wirklichkeit sehr viel Farbe enthalten.

Schritt 1 Die sanft geschwungenen Linien und fein abgestuften Schatten von Dünen lassen sich einfach nicht in einer Skizze festhalten. Sie können also nur die Form der Dünenkämme vorzeichnen und Schatten und Dünengras ungefähr andeuten. Man arbeitet den Himmel in einer hellen Mischung von lichtem Ocker und etwas gebrannter Siena. Solange dieser Farbauftrag noch naß ist, fügt man Coelinblau und Paynesgrau hinzu. Das Wasser wird mit Hookersgrün, Ultramarinblau und ein wenig gebrannter Umbra gemalt, nach unten hin wird die Farbe aufgehellt.

Schritt 2 Die Farbtöne des Sandes sind lichter Ocker, gebrannte Siena und Coelinblau. Sie werden mit einem großen Rundpinsel in sanften, geschwungenen Pinselstrichen auf den Dünen aufgetragen.

Schritt 3 Wenn der erste Farbauftrag trocken ist, werden die Formen mit dunkleren Pinselstrichen der selben Mischung verstärkt. Sie sehen deutlich, wie die geschwungenen Linien den Konturen der Dünen folgen. Die Schatten liegen jeweils rechts von den gerundeten Formen. Im gesamten Vordergrund wird ein dunkler Schattenfarbton aufgetragen.

Schritt 4 Die Büschel von Dünengras werden großzügig mit einer Mischung von Hookersgrün mit etwas gebrannter Siena in den hellen, und Hookersgrün mit Kadmiumrot in den dunklen Flächen angelegt. An manchen Stellen wurde fast reine gebrannte Siena verwendet. Die größeren Büschel malt man mit der Seite des Pinsels, die schlanken Halme werden mit der Pinselspitze gearbeitet. Die Reihen von Grasbüscheln sind sehr wichtig für das Bild, da sie die geschwungenen Dünenkämme kennzeichnen.

Schritt 5 Nun ergänzt man das Dünengras mit weiteren dunklen Tönen in einer Mischung von Hookersgrün, gebrannter Siena und Ultramarinblau. Man arbeitet mit der Seite eines großen Rundpinsels in der Granuliertechnik. Im Vordergrund werden jetzt noch ein paar einzelne Halme hinzugefügt, und dann sprenkelt man diesen Farbton noch diagonal über den Vordergrund, um die Neigung der Dünen zu unterstreichen.

Schritt 6 Jetzt kann man die geschwungene Form der Dünen mit weiteren Schatten hervorheben, die mit klaren, gebogenen Pinselstrichen in lichtem Ocker, gebrannter Siena und Coelinblau gearbeitet werden. Diese Pinselstriche ziehen sich vor allem um den Fuß der Dünen. Mit der selben Mischung wurde der Schatten zwischen den Dünen rechts oben vertieft. Zum Schluß zieht man mit der Pinselspitze die feinen Linien, die die Schatten der Grashalme andeuten sollen.

Schritt 7 Der ganz helle Farbton der Dünen macht viel von ihrer Schönheit aus, muß aber durch einen dunkleren Hintergrund ergänzt werden. Deshalb feuchtet man den Himmel noch einmal mit klarem Wasser an und vertieft seine Farbe mit Coelinblau und Paynesgrau. Diese neuen Töne laufen ineinander und bilden weiche Übergänge. Wenn der Himmel trocken ist, wird auch das Wasser mit Hookersgrün, Ultramarinblau und gebrannter Umbra dunkler getönt, so daß es einen starken Kontrast zu der sonnenbeschienenen Düne bildet, die über den Horizont ragt. Sanddünen gehören zu den schwierigsten Küstenmotiven. Man muß dabei gleich zu Beginn die Richtung des Lichteinfalls festlegen, um Licht und Schatten richtig malen zu können. Man muß so ein Bild mit hellen, aber energischen Pinselstrichen arbeiten und darf dabei nie die Lichtverhältnisse außer acht lassen.

Schritt 1 Für dieses Bild wird eine Skizze von den Licht- und Schattenebenen der Felsen rechts und links im Vordergrund angefertigt. Man hält die Steilküste in großen Zügen fest und deutet die größeren Schatten und die Bäume lediglich an. Dann wird der Himmel ganz hell mit lichtem Ocker angelegt, es folgen ein paar Pinselstriche mit Paynesgrau und Ultramarinblau, die mit dem nassen Grundton verschmelzen.

Schritt 2 Die Bäume arbeitet man mit der Seite eines kleinen Rundpinsels in Hookersgrün, Ultramarinblau und gebrannter Umbra. Auf der noch nassen Farbe ergänzt man dann mit der Spitze des Pinsels feine Linien für Stämme und Äste.

Schritt 3 Die Umrisse der Steilküste werden nun großzügig mit Paynesgrau und gebrannter Siena ausgefüllt. In dem noch nassen Farbauftrag ergänzt man die Schatten mit dunkleren Pinselstrichen in Paynesgrau, gebrannter Siena und Hookersgrün: Die Lücken im Farbauftrag lassen die Klippen schroffer aussehen. Ein Streifchen weißes Papier oben auf der Steilküste deutet einen Sonnenstrahl an.

Schritt 4 Die Felsen werden in gleichmäßigem Farbauftrag in Hookersgrün und gebrannter Siena angelegt. Über den trockenen Grundton malt man die Schatten in einer dunkleren Mischung aus Hookersgrün und gebrannter Umbra. Auf der Oberseite der Felsen läßt man wie bei dem Kliff das Papier unbemalt.

Schritt 5 Das Wasser arbeitet man mit einer hellen Mischung von Hookersgrün, Paynesgrau und lichtem Ocker. Nach dem Trocknen malt man mit der selben Mischung, die jetzt etwas weniger Wasser enthält, mit der Pinselspitze feine Linien für die Wellen. Sie sehen das besonders deutlich unter den Felsen in der Bildmitte.

Schritt 6 Der Sand wird großzügig mit gebrannter Siena und Paynesgrau angelegt. Die Tönung ist nicht gleichmäßig, sondern besteht aus helleren und dunkleren Pinselstrichen der selben Mischung, die naß-in-naß miteinander verschmelzen. Die Felsen rechts im Bild sind noch weißes Papier.

Schritt 7 Nun werden rechts unten die Felsen mit einer dunklen Mischung von Hookersgrün, gebrannter Siena und Kadmiumrot angelegt. Solange die Farbe noch naß ist, hellt man die Oberseite der Felsen mit einem Papiertuch ein wenig auf und arbeitet dann mit der Spitze des Pinselstiels eine weiße Linie zwischen den beiden Felsbrocken heraus. Die selbe dunkle Mischung wird bei der Küste verwendet und über den Sand gesprenkelt. Sehen Sie, daß der untere Rand des kleineren Felsens in der Granuliertechnik gearbeitet ist? Es sieht nun so aus, als würde er in den Sand übergehen.

Schritt 8 Bei den Felsen links werden nun ein paar dunkle Pinselstriche mit Hookersgrün und Krapplack ergänzt, die die Schatten betonen und die Felsen klarer unterteilen. Auch die Felsen rechts im Bild werden mit dieser Mischung dunkler getönt, ein paar Linien deuten Risse an. Weitere dunkle Pinselstriche werden über den Sand gelegt, sie folgen der Form der Bucht. Mit einigen Linien in diesem Farbton malt man dann noch die Wellen im Vordergrund.

Schritt 9 Manchmal lohnt es sich wirklich, ganz zum Schluß an einem Bild noch etwas zu verändern. Dieses Aquarell sieht aus, als sei es schon fertig, aber irgendetwas stimmt noch nicht so ganz: Die Konturen der Steilküste sind zu klar und sauber. Das kann man leicht ändern, indem man mit klarem Wasser und einem großen Borstenpinsel die Farbe am rechten und am unteren Rand der Küste anlöst und sie dann mit einem Papiertuch auftupft. Jetzt scheinen die Klippen im Nebel zu verschwinden, und der Felsen am Fuß der Steilküste scheint sich fast in Luft aufzulösen. Wo Wasser und Himmel sich am Horizont treffen, wird die Farbe ebenfalls angelöst und abgelöscht, der Übergang wird fließend und geheimnisvoll. Dieses Verschwimmen der Konturen bei einem Küstenmotiv sollten Sie, wo immer es möglich ist, unterstreichen, und wenn nötig, sogar ein wenig übertreiben.

Was man malen sollte Wenn Sie vom Strand oder einer Küste aus auf die See blicken, sehen Sie eigentlich immer mehr, als Sie in einem einzigen Bild festhalten können. Oft haben Sie kilometerweite Sicht, und es ist einfach unmöglich, alles in Ihrem Blickfeld in einem Gemälde wiederzugeben, obwohl so mancher Anfänger das versucht und daran scheitert. Sie sollten nur einen überschaubaren Ausschnitt malen: Zwei oder drei Wellen und ein paar Felsen reichen schon aus für ein wirkungsvolles Bild und geben die Faszination des Meeres weit besser wieder als ein Aquarell mit tausend Details und unendlich vielen Wellen. Eine einzige Landzunge, eine kleine Bucht im Vordergrund, ein paar Felsen und eine angedeutete Küste im Hintergrund genügen völlig, um die Großartigkeit einer Küstenlandschaft einzufangen. Sie sollten also versuchen, für Ihr Seemotiv nur wenige, einfache Formen auszusuchen.

Was man weglassen sollte Sie werden immer mehr sehen als Sie nachher malen können, und deshalb ist es genauso wichtig zu wissen, was Sie malen wollen, wie zu entscheiden, was Sie weglassen wollen. Selbst wenn Sie sich für ein einfaches Motiv, bestehend aus einer Landzunge, einem Strand, Felsen und einer Küste im Hintergrund entschieden haben, werden Sie Ihr Gemälde meist noch weiter vereinfachen müssen. Wenn es an dem Strand nun außer Felsen auch noch Tang, Treibholz und anderes Strandgut gibt? Sie können nicht alles malen. Lassen Sie also die meisten der kleineren Felsen weg, und lassen Sie die übrigen zu ein paar größeren Formen zusammenschmelzen. Einige wenige Büschel Seetang reichen schon aus. Vielleicht können Sie sie so am Strand anordnen, daß Sie den Blick des Betrachters auf die Landzunge, das Hauptmotiv Ihres Bildes lenken? Das Treibholz lassen Sie am besten ganz weg; es lenkt nur ab. Verwenden Sie es doch einmal als Motiv für ein anderes Bild! Haben Sie keine Skrupel, überflüssige Details und alles, was den Beschauer verwirren könnte, wegzulassen.

Neugestaltung des Motivs Wie lange Sie Ihre Strandspaziergänge auch ausdehnen, Sie werden niemals ein Motiv finden, bei dem alles „stimmt“ und jeder Felsen, jede Klippe, Welle oder Pfütze schon an der richtigen Stelle sind. Sie müssen also schon bereit sein, das, was die Natur Ihnen gibt, umzugestalten und Ihr Bild selbst aufzubauen. Wenn Ihnen der Strand zu gerade erscheint, steht es Ihnen frei, ihm einen eleganten Schwung zu geben. Meinen Sie, daß sich die Wellen zu weit entfernt vom Land brechen? Holen Sie sie doch näher heran! Wenn Ihnen die Felsen zu verstreut und nicht nah genug am Wasser liegen, können Sie ihnen ohne weiteres einen anderen Standort geben und sie umgruppieren. Die Wolken sind zu klein und stehen zu hoch am Himmel? Was hindert Sie daran, sie größer und näher am Horizont zu malen? Es ist schließlich nicht die Aufgabe der Natur, Ihnen ein perfektes Bild zu liefern, sie gibt Ihnen nur die einzelnen Motive und Ihnen bleibt es überlassen, daraus Ihr Gemälde zusammenzustellen.

Tageszeit Beim Malen von Küstenmotiven ist es ebenso wichtig, wann Sie malen und was Sie malen. Erfahrene Künstler beginnen gern am frühen Morgen mit der Arbeit, wenn die Sonne noch tief steht und scharfe Schatten entstehen läßt. Zu dieser Zeit sehen Felsen, Klippen, Wellen und Brandung am eindrucksvollsten aus. Im gleichmäßigen Licht der Mittagssonne gibt es keine ausgeprägten Schatten, und selbst die interessantesten Motive wirken dann langweilig. Am Spätnachmittag steht die Sonne wieder tiefer am Himmel, und man hat ähnlich gute Lichtverhältnisse wie am frühen Morgen. Wenn dann die Sonne am Horizont versinkt, ergeben sich besonders reizvolle Effekte. Im Gegenlicht haben Felsen, eine Küste oder die Brandung scharfe, dunkle Silhouetten. Gehen Sie also am besten früh an die Arbeit, machen Sie eine lange Mittagspause und beenden später dann Ihr Werk.

Wechselnde Bedingungen Die Natur steht Ihnen nicht geduldig Modell: Die Wellen rollen immer wieder von neuem ans Ufer, der Wind treibt die Wolken weiter über den Himmel, und das Licht ändert sich von Stunde zu Stunde. Wie können Sie nun alle diese Dinge solange „einfrieren“ bis Sie Ihr Bild gemalt haben? Am einfachsten ist es, Sie machen gleich zu Anfang eine Bleistiftskizze. Dann mögen die Wellen kommen und gehen und ständig anders aussehen, Sie bestimmen ihre Form und halten sie in der Zeichnung fest. Wenn Ihr Bild halb fertiggestellt ist, haben die Wolken vielleicht eine ganz andere Lage, aber in Ihrer Skizze sind sie immer noch an der richtigen Stelle. Mit den zehn oder fünfzehn Minuten, die Sie für die Skizze benötigten, haben Sie nun eine klare Vorstellung von Ihrem Bild, selbst wenn sich die Bedingungen später von Grund auf ändern. Sie malen dann immer noch nach der Natur, ziehen aber im Zweifelsfalle Ihre Skizze zu Rate. Wenn z. B. der Wind die Form der Wolken verändert hat, schauen Sie sich die Formen auf Ihrer Zeichnung an, betrachten noch einmal die Wolken am Himmel und ändern sie dann so ab, daß sie mit der Skizze übereinstimmen.

Wichtiger Hinweis Wenn Sie bei der Motivsuche auf die Klippen geklettert sind, dürfen Sie unter keinen Umständen die Gezeiten vergessen. Achten Sie immer auf das steigende Wasser, und kehren Sie so rechtzeitig an den Strand zurück, daß die Flut Sie keinesfalls überraschen kann.

Falsch: Lenken Sie den Blick des Betrachters nicht aus dem Bild! Hier folgt das Auge der Linie des Strandes hinunter in die rechte Bildecke - und darüber hinaus. Die dunklen Pinselstriche links am Strand unterstreichen diese Richtung noch zusätzlich.

Richtig: Lenken Sie den Blick des Beschauers auf das Bild. Hier sieht man zuerst auf den unteren Bildrand und folgt dann der geschwungenen Linie des Strandes, die zu der Landzunge im Hintergrund führt. Auch der dunkle Seetang hält das Auge fest und lenkt den Blick in die selbe Richtung.

Falsch: Teilen Sie ein Bild nicht diagonal in zwei Hälften. Bei dieser Landschaft bilden Klippen und Strand ein Dreieck, das oben rechts beginnt und unten links endet. Das zweite Dreieck besteht aus Himmel und Meer und macht die andere Hälfte des Bildes aus. Ein so aufgebautes Bild wirkt immer leicht langweilig.

Richtig: Sie sollten ein Aquarell stets in viele verschiedenartige Formen aufteilen, wie hier in die massigen Felsen der Klippen, die horizontalen Streifen von Strand und Wasser und den Keil des Himmels. Beachten Sie auch, daß die Klippen über den Mittelpunkt des Bildes hinausreichen, so daß es nicht genau in der Mitte unterteilt wird.

Falsch: Ein Seemotiv darf nicht aus drei gleichmäßigen Streifen für Himmel, Wasser und Küste bestehen, sonst wirkt das Bild monoton.

Richtig: Achten Sie darauf, daß Himmel, Wasser und Küste unterschiedlich viel Platz einnehmen. Hier ist der Himmel doppelt so breit wie der Strand, das Wasser ist nur ein schmaler, dunkler Streifen. Beachten Sie, daß der Horizont ein Drittel vom unteren Bildrand entfernt ist - das ist immer eine günstige Aufteilung. Sie könnten ihn aber auch gut in das obere Drittel des Bildes legen.

Falsch: Vermeiden Sie, gleiche Formen in regelmäßigen Abständen zu wiederholen, wie es hier bei diesen Schaumkronen der Fall ist.

Richtig: Geben Sie den Wellen unterschiedliche Formen und Größen; lassen Sie - wie hier im Vordergrund - eine Woge dominieren, malen Sie eine zweite kleiner und eine dritte noch kleiner. Der Abstand zwischen den einzelnen Wellen sollte verschieden groß sein. Diese goldene Regel gilt natürlich ebenso für Felsen, Wolken und andere Bestandteile eines Bildes.

Licht von der Seite
Der Lichteinfall bestimmt Licht und Schatten bei allen Formen, angefangen bei der gewaltigen Steilküste, bis hin zu den kleinen Felsen am Strand. Hier kommt das Licht von der linken Seite und beleuchtet die Flächen der Klippen, die zur See hin liegen, der übrige Teil der Felsen liegt im Schatten. Genauso ist es bei den Felsbrocken am Fuß der Klippen, wo Sie die Grenzen von Licht und Schatten besonders gut sehen können.

Licht von oben Wenn die Sonne direkt von oben auf die Felsen scheint, liegt die Ihnen zugewandte Seite im Schatten. Wie bei den Felsbrocken am Fuß der Klippen sehen Sie auch hier wieder ganz klare Grenzen zwischen Licht und Schatten. Die Schatten vorn im Bild sind dunkler, weil die Felsen näher beim Betrachter liegen. Gegenstände im Vordergrund wirken immer dunkler. Mehr darüber erfahren Sie im Kapitel Luftperspektive.

Wolken bei schrägeinfallendem Licht Wolken mögen zwar weich und ungleichmäßig aussehen, aber bei ihnen sind Licht und Schatten genauso klar festgelegt wie bei Felsen. Deshalb müssen Sie auch beim Malen von Wolken sorgfältig auf den Lichteinfall achten. Bei diesem Bild kommt das Licht schräg von links oben. Die Wolken sind oben und links hell beleuchtet, ihre Unterseiten und die rechten Seiten dagegen liegen im Schatten.

Wolken im Gegenlicht Wenn die Sonne hinter den Wolken verschwindet, sieht man nur die Seiten im Schatten, und sie erscheinen als dunkle Silhouetten. Die Sonne ist auch schon hinter dem Küstenstreifen versunken, so daß dieser nur noch als dunkler Umriß zu erkennen ist. Am frühen Morgen oder am Spätnachmittag, wenn die Sonne niedrig steht, sind diese Silhouetten am wirkungsvollsten.

Licht von vorn Die selbe Küstenlandschaft kann zu verschiedenen Tageszeiten ganz unterschiedlich aussehen; es hängt immer vom Licht ab. Hier fällt die Sonne von vorn, über die Schulter des Betrachters, auf den Strand und taucht ihn in helles Licht. Der Himmel ist dunkler als der Sand.

Gegenlicht Bei diesem Bild kommt das Licht von weit hinter den Dünen. Der Sand liegt nun im Schatten und der Himmel ist heller. Sie können also leicht von einem Motiv zwei Bilder - oder mehr - malen, wenn Sie zu verschiedenen Tageszeiten kommen.

Felsküste Sie können Ihrem Bild mehr Tiefe geben, wenn Sie den Regeln der sogenannten Luftperspektive genau folgen. Danach sind die am nächsten gelegenen Gegenstände am dunkelsten und am klarsten, wie hier diese Felsen im Vordergrund; Dinge im Mittelgrund wirken blasser, wie diese Klippen links, die Gegenstände im Hintergrund, hier sind es die Klippen in der Bildmitte, wirken am hellsten.

Wellen in Vorder- und Hintergrund Sie haben sicher bemerkt, daß das Meer die Tonabstufungen der Luftperspektive umkehren kann. Im allgemeinen wirken Wellen am Horizont am dunkelsten und werden zum Vordergrund hin heller. Das liegt wohl daran, daß man in der Nähe die beleuchteten Wellenkämme und in der Entfernung die ruhigere Wasseroberfläche besser sehen kann.

Dünung Wenn Sie Seemotive malen, müssen Sie die verschiedenen Wellenarten unterscheiden können. Die gleichmäßigen Wellen in einiger Entfernung von der Küste werden Dünung genannt. Sie erinnern an eine sanfte Hügellandschaft und werden nach oben hin dunkler.

Schaumkronen Wellen mit Schaumkronen lösen sich nicht wie die Brandung in Gischtwolken auf, sie haben lediglich ein wenig Schaum auf dem Wellenkamm. Die Schaumkronen entstehen durch den Wind. Hier wurde das Papier für die Schaumkrone weiß gelassen, und nach links und unten wurde die Farbe dann noch mit einer scharfen Klinge entfernt.

Wellenkämme Wenn die Wellen näher zur Küste kommen, werden sie höher und brechen sich. Ihr zarter Kamm wird zu Schaum, die Form der Welle wird konkav, und unter dem Schaum sieht man bereits dunkle Schatten.

Brandung Wenn eine Welle in unmittelbare Nähe der Küste kommt, überschlägt sie sich schließlich, und ihr vorderer Teil wird zu Schaum. Oft können Sie über und hinter diesem Schaum das klare Wasser der Welle auf sich zukommen sehen. Meist liegt die Oberseite des Schaums im Sonnenlicht, die Vorderseite im Schatten, und darunter entstehen tiefdunkle Schatten. Im Hintergrund sehen Sie Wellen, die sich noch nicht überschlagen haben.

Brecher Wenn die Welle sich ganz überschlagen hat, löst sie sich völlig in Schaum auf, und man kann den Wellenkamm nicht mehr sehen. Denken Sie unbedingt daran, diesen Schaum als feste Form - wie einen Felsen oder eine Wolke - zu malen, und achten Sie dabei auf Licht und Schatten.

Gischt Wenn die Wellen die Küste erreichen, klatschen sie oft gegen Felsen und zerstäuben in Gischtwolken. Diese Gischt kann die unterschiedlichsten Formen annehmen. Richten Sie Ihre Aufmerksamkeit auf einen bestimmten Felsen, und beobachten Sie die Form der Gischtwolke jedesmal, wenn eine neue Welle heranrollt. Sicher ist die Form nicht jedesmal gleich, aber wenn Sie Ihre Beobachtungen lange genug fortsetzen, werden Sie eine bestimmte Silhouette festlegen können. Malen Sie die Gischt genauso sorgfältig wie die Felsen.

Steinchen am Strand Das Geheimnis beim Malen eines steinigen Strandes liegt darin, daß Sie sich auf nur wenige Formen konzentrieren, die besonders sorgfältig mit ihren Licht- und Schattenseiten gearbeitet werden müssen. Achten Sie darauf, daß Ihre Pinselstriche den geschwungenen Formen folgen. Richten Sie Ihr Augenmerk besonders auf die Steine im Vordergrund, und vergessen Sie nicht, die Schatten mit dunkler Farbe hervorzuheben. Wenn Sie eine Handvoll Steinchen gemalt haben, fügen Sie weitere in der selben Art hinzu. Verteilen Sie die letzten Pinselstriche zwischen die sorgfältig gearbeiteten Steine, und alle sehen wie richtige Steinchen aus. Ein paar sehr dunkle Töne an den Enden dieser geschwungenen Linien erhöhen den Eindruck von Licht und Schatten. Diesen Effekt kann man noch verstärken, wenn man ein paar dunkle Farbkleckschen über dem Strand verteilt, um noch kleinere Steine anzudeuten. Dazu tauchen Sie den Pinsel in flüssige Farbe und schlagen ihn so gegen Ihren Finger oder einen anderen Pinselgriff, daß die Farbe auf das Bild spritzt. Sie können die Fleckchen auch genauer verteilen, wenn Sie eine alte Zahnbürste mit flüssiger Farbe anfeuchten und dann ein Stöckchen oder einen Pinselstiel über die Borsten ziehen.

Seetang am Strand Im allgemeinen sammelt sich der Seetang parallel zu den Wellen und zeichnet die Konturen des Strandes nach. Man malt die dicken Bündel von Tang am besten mit der Seite - nicht mit der Spitze - eines Rundpinsels, in kurzen, geschwungenen Linien. Die Ränder dieser Pinselstriche sind unregelmäßig und erinnern an die Granuliertechnik. Anschließend kann man dann natürlich noch mit der Pinselspitze einzelne Stränge und Stücke von Tang herausarbeiten. Es wirkt auch immer gut, wenn Sie noch ein wenig von der Farbe über den Strand sprenkeln. Wenn Sie ein paar hellere Tangbündel andeuten wollen, können Sie die Papieroberfläche mit dem Fingernagel oder dem Pinselstiel etwas anritzen, solange die Farbe noch naß ist, oder die trockene Farbe mit einem scharfen Messer abschaben.

Gräser und Halme Oft wächst ein Gewirr von Halmen und Gräsern in den Dünen oder im Marschland. Versuchen Sie nun aber nicht, jedes Hälmchen einzeln zu malen. Die Masse der dunklen Gräser am unteren Bildrand ist hier mit großzügigen Pinselstrichen in dunkler Farbe angelegt. Solange der Farbauftrag noch naß ist, kratzt man hellere Linien mit dem Pinselstiel, dem Fingernagel oder einem stumpfen Messer hinein. Wenn diese Pinselstriche und Kratzer trocken sind, kann man mit der Spitze eines kleinen Rundpinsels die feinen Linien der Gräser arbeiten, die sich gegen den Himmel abheben. Achten Sie darauf, daß diese Pinselstriche verschieden dick sind und nicht in der selben Richtung verlaufen: Sie dürfen nicht parallel sein. Lassen Sie sich auch nicht verleiten, das Gras über das ganze Bild zu verteilen, konzentrieren Sie sich auf ein Büschel, wie dieses hier links, fügen Sie noch ein paar Pinselstriche hinzu, wie hier auf der rechten Bildseite, und lassen Sie es damit genug sein.

Rauhe und glatte Strukturen Treibholz zu malen ist besonders reizvoll, da es teilweise rauh und rissig ist, an anderen Stellen aber wieder erstaunlich glatt. Betrachten Sie Stamm und Äste als zylindrische Formen. Malen Sie dann die Schattenseiten dieser Zylinder mit zarten Pinselstrichen, die der Form folgen. Wo der Schatten in Licht übergeht, wird der Rand der Farbe mit klarem Wasser verwischt. Anschließend nehmen Sie mit dem Pinsel noch einmal Farbe auf, streifen ihn auf einem Papiertuch ab, bis er nur noch feucht ist, und fügen dann in der Granuliertechnik ein paar Pinselstriche hinzu, die ebenfalls der Form folgen. Malen Sie vorerst nur die rauhen Flächen, und lassen Sie die glatten unberührt. Mit der Pinselspitze werden nun ein paar Risse angedeutet, die man nach dem Trocknen der Farbe hervorhebt, indem man mit einer scharfen Messerspitze helle Linien neben den dunklen Pinselstrichen herauskratzt. Bei einem solchen Bild ist es wichtig, daß Sie wirklich nur die rauhen Flächen malen und lediglich ein paar feine Linien über die glatten Teile ziehen.

Schaben Wenn die Farbe des Meeres schon aufgetrocknet ist, und Sie wollen noch einen Lichtstrahl auf der Wasseroberfläche hinzufügen, versuchen Sie es doch einmal mit einem scharfen Messer. Führen Sie die Klinge leicht über das Papier, und nehmen Sie etwas Farbe ab, bis das weiße Papier durchscheint. Drücken Sie dann etwas stärker auf, und entfernen Sie mehr Farbe, bis Sie einen unregelmäßigen Lichtstreifen herausgearbeitet haben. Vielleicht nehmen Sie ein Lineal zu Hilfe, damit Ihnen das Messer nicht wegrutscht.

Schleifen Mit feinem oder mittelfeinem Sandpapier können Sie weichere Übergänge schaffen, wenn Sie beispielsweise Gischt malen. Sie können es außerdem verwenden, um Schaumspritzer auf dem Meer oder auf Felsen anzudeuten.

Sprenkeln Wie Sie hier sehen, können kleine Farbspritzer die Struktur einer Felsformation sehr gut unterstreichen. Wenn Sie den Pinsel richtig halten, laufen die Tröpfchen die Seite des Felsens hinauf, wie hier bei dem großen Felsen links und dem kleineren rechts unten. In beiden Fällen wurde die Farbe diagonal von der Seite über das Bild gesprenkelt. Die Farbtröpfchen auf der Oberseite des großen Felsens kommen von oben.

Drucken Eine andere Möglichkeit, rauhe Strukturen zu arbeiten, die wie zufällig aussehen, besteht darin, daß man zusammengeknülltes Papier zum Malwerkzeug umfunktioniert. Tauchen Sie das zerknitterte Papier in nasse Farbe, und drücken Sie es auf Ihr Bild: Es hinterläßt einen unregelmäßigen Abdruck. Einen solchen Effekt sieht man hier bei den hellen Flächen der Felsen. Eine ähnliche Wirkung erzielen Sie mit einem großporigen Schwamm.

Felsen und Klippen Die hellen und dunklen Töne in einem Bild werden auch Tonwerte genannt. Es ist sehr nützlich, wenn Sie vor dem eigentlichen Malen eine Skizze anfertigen, in der Sie Ihr Motiv in den drei Tonwerten hell, mittel und dunkel festhalten. Hier sind die Felsen die dunklen Töne, die Steilküste ist im mittleren Tonwert gemalt, und Himmel und Wasser sind hell.

Brandung und Felsen Auch hier sind die Felsen im Vordergrund dunkel; die Felsen im Hintergrund und die Schatten auf der Gischt vorne im Bild sind in mittlerem, Himmel und Brandung in hellem Ton gemalt.

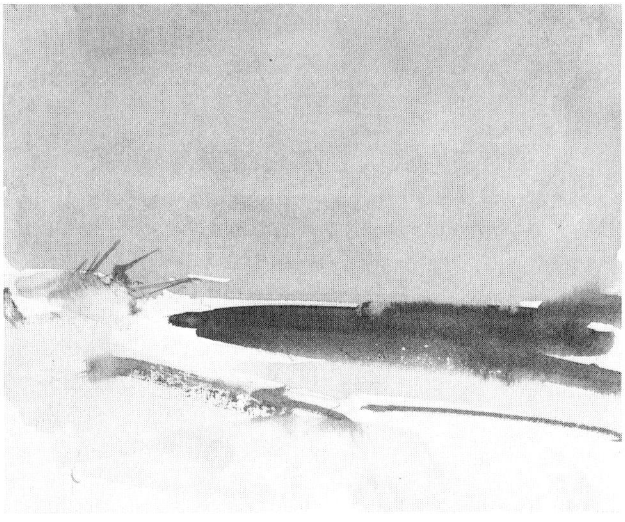

Strand In diesem Bild hat nun das Wasser den dunkelsten Wert, während der Himmel im Mittelton und der Strand in heller Farbe gearbeitet sind. Ein klein wenig vom Mittelton erscheint noch auf dem Strand. Natürlich wird das fertige Bild viel detaillierter, aber so eine Skizze hilft sehr beim Aufbau eines Gemäldes.

Klippen und Küste Felsen und Küste haben hier den dunkelsten Ton. Der Himmel und die Schatten auf dem Wasser haben etwa den gleichen Mittelton, das Licht auf dem Meer ist der hellste Wert in diesem Bild. Diese vier Skizzen sollen Sie nun aber nicht wie Formeln anwenden, sie sind nur Beispiele. Es gibt keine zwei gleichen Motive, und Sie müssen deshalb Ihr Motiv ganz genau beobachten und dann Ihre eigene Tonwertskizze nach dem, was Sie gesehen haben, anfertigen.